습관은 실천할 때 완성됩니다.

우리 도시를 살아있는 유기체라고 했을 때, 도시가 영속하려면 무엇이 필요할까요? 그것은 끊임없이 탄생과 소멸의 과정을 반복하며 계속해서 도시에 활력을 불어넣는 것입니다. 한마디로 "핫플의 탄생"이 여기저기 반복해서 일어나는 것입니다. 그러기 위해 우리 도시가 갖춰야 할 조건이자 습관은 무엇일까요? 책은 바로 이 지점에서 출발합니다. 도시가 계속해서 발전을 이어가는 데 필요한 습관은 무엇인지, 재생과 재개발을 잘하기 위해서는 무엇을 해야하는지, 도쿄를 통해 살펴보겠습니다.

핫플의 탄생

도쿄의

오프라인

바꾸는
공간들

정희선
지음

종은습관연구소

들어가며

"도쿄는 대개조 중"
"100년에 한 번 있을 법한 재개발"

이 두 문장은 지금 도쿄의 풍경을 가장 잘 보여줍니다. 최근 몇 년간 도쿄의 거리를 거닐다 보면 공사 중인 건물을 쉽게 마주하게 됩니다. 니혼바시, 시부야, 신주쿠, 도라노몬, 아자부다이 등 도쿄의 주요 지역 곳곳에서 새로운 건물이 완공되었거나 현재 건설 중입니다. 전례 없는 규모의 초고층 건물들이 도쿄 전역에서 동시다발적으로 들어서고 있습니다. 도쿄와 같은 초대형 도시에서 이 정도 스케일의 재개발은 그야말로 '100년에 한 번' 있을 법한 일입니다.

도쿄는 제2차 세계대전 후 폐허가 된 도시를 재건하면서 본격적인 개발을 시작했습니다. 당시 도로, 철도 등 인프라를 정비하고, 주택과 학교, 병원 같은 생활 기반 시설을 대거 건설했습니다. 그런 다음, 1964년 도쿄 올림픽을 계기로 도심 고속도로와 신칸센 같은 대형 인프라가 들어섰고, 1970~80년대 고도 경제 성장기에 고층 빌딩 중심의 상업지구 개발이 빠르게 이루어졌습니다. 이 시기에 현재 우리가 알고 있는 도쿄의 기본 골격이 완성되었다고 해도 과언이 아닙니다.

그리고 지금, 도쿄는 다시 한 번 커다란 변화를 맞이하고 있습니다. 1964년 도쿄 올림픽과 경제 성장기 시절에 지어진 건물과 인프라가 50~70년 정도 시간이 지나 노후화되면서 새로운 빌딩 개발의 필요가 생기게 되었고, 이에 맞춰 대대적인 도시 재정비의 시간을 맞이하고 있습니다. 그리고 그 중심에는 일본의 디벨로퍼(부동산 개발 전문가)들이 있습니다.

도쿄역에는 2023년 미쓰이부동산이 운영하는 복합건물 도쿄 미드타운 야에스가 들어섰습니다. 미쓰비시 그룹이 개발하는 토치 타워는 2027년 완공을 목표로 하며, 일본 최고층 건물이 될 예정입니다. 도라노몬에는 4개 동으로 구성된 복합상업단지 도라노몬 힐즈가 들어섰습니다. 부동산 개발 기업인 모리빌딩이 주도한 이 프로젝트는 2014년 모리 타워를 시작으로, 2020년 비즈니스 타워, 2022년 레지덴셜 타워, 2023년 10월 스테이션 타워가 순차적으로 개장하며 완성되었습니다.

가장 큰 화제를 모은 프로젝트는 단연 아자부다이 힐즈입니다. 2000년대 초부터 계획되어 2023년 완공된 이 공간은 모리빌딩이 개발한 초고층 복합 시설로 고급 주거, 상업 시설, 호텔 등이 결합된 대규모 프로젝트입니다. 60층에 이르는 빌딩, 세계적 건축가들의 참여하여 지속 가능한 설계를 하는 등 여러 측면에서 주목을 받았습니다.

이처럼 시부야, 신주쿠, 아자부다이 등 곳곳에서 미쓰이부동산이나 모리빌딩 같은 디벨로퍼들이 중심이 된 재개발 소식이 끊임없이 들려옵니다. 이들이 새롭게 문을 연 복합 빌딩을 둘러보기에도 바쁠 정도입니다.

일본을 대표하는 디벨로퍼들이 오랜 시간 고민 끝에 선보이는 이곳은 주민들의 삶을 풍요롭게 하고 누구나 방문하고 싶은 공간으로 만들기 위한 정성과 철학이 담겨 있습니다. '도쿄 최초', '일본 최초'로 소개되는 브랜드와 점포들, 세련된 조경, 수준 높은 다이닝 경험이 조화를 이루며 새로운 공간을 만듭니다. 그래서 새롭게 문을 여는 복합 빌딩을 방문하면 지금의 도쿄 트렌드, 그리고 공간 디자인의 흐름이 한눈에 보입니다.

도쿄의 대형 프로젝트는 일본 최고의 디벨로퍼들이 자신들의 모든 역량을 쏟아붓는 장입니다. 단순히 멋진 외관을 가진 건물을 짓는 것이 아니라, 그 안을 어떻게 구성할지, 어떤 콘텐츠로 채울지를 고민하며, '도시의 경쟁력을 어떻게 높일 것인가'라는 본질적인 질문에 다가갑니다. 그 결과로 라이프스타일에 대한 깊은 통찰이 드러나며, 최신 리테일과 식문화 트렌드가 함께 반영됩니다. 특히 복합빌딩 내 상업 시설은 단순한 쇼핑을 넘어 '경험의 공간'으로 진화하고 있습니다.

한 일본 디벨로퍼는 이렇게 말합니다.

"재개발은 단지 오래된 건물을 새로운 건물로 바꾸는 것이 아니다. 진정한 재개발은 사람의 흐름을 바꾸고 새로운 경제권을 창출하는 것이다."

그의 말처럼, 지금 도쿄는 단순한 건축을 넘어 도시의 흐름을 바꾸고, 트렌드를 발신하며, 새로운 경제 지형을 만들어가고 있습니다.

"전 세계에서 가장 빠르게 변화하는 도시, 도쿄." 그 변화의 중심에 있는 '100년에 한 번' 있을 법한 대규모 '재개발의 현장'이자 모두가 가보고 싶어하는 '핫 플레이스'가 된 곳을 직접 확인해 보는 것은 어떨까요? 미식의 도시, 카페의 천국, 장인의 도시라는 기존의 이미지에 더해, 이번에는 '공간'이라는 새로운 관점으로 도쿄를 바라보는 여행을 추천합니다.

버전 2로 진화 중인 도쿄. 지금, 그 변화 속으로 함께 떠나 보겠습니다.

목차

1부

핫플이

탄생하는

조건

저와 함께 도쿄에서 가장 주목받는 공간들, 그리고 도쿄의 디벨로퍼들이 혼신의 힘을 다해 만들어낸 공간들을 본격적으로 둘러보기 전, 이 도시의 핫 플레이스를 관통하는 몇 가지 핵심 키워드를 짚고 가려고 합니다.

짧게는 10년, 길게는 20년 넘는 시간 동안 진행되는 도쿄의 재개발 프로젝트는 대부분 '복합형 재개발'이라는 공통된 특징을 가지고 있습니다. 이는 하나의 건물이나 구역 안에 상업 시설, 오피스, 호텔, 주거, 문화 공간 등을 유기적으로 결합해 일하고, 살아가고, 즐기는 라이프스타일을 한 곳에 구현하고자 하는 설계입니다.

그리고 이 같은 재개발 단지에는 자연 요소의 도입도 빠지지 않습니다. 편안함과 휴식을 느낄 수 있는 녹지와 정원 같은 자연 공간이 전체 설계 속에 자연스럽게 스며들어 있습니다.

테넌트(Tenant, 임차인) 구성 역시 매우 치밀하게 기획됩니다. 일본 전역은 물론이고, 전 세계적으로 주목받는 카페와 레스토랑을 유치해 방문객을 끌어들이고, 지역 고유의 감성을 담은 브랜드와 콘텐츠를 선보이며 '그곳에서만 경험할 수 있는' 특별한 매력을 더합니다.

마지막으로, 다양한 커뮤니티 프로그램을 통해 지역 내 교류를 촉진합니다. 이는 자연스럽게 집객 효과로 이어지며 공간 전체에 활기를 불어넣습니다.

이제부터 이러한 키워드들이 실제 공간에서 어떻게 구현되고 있는지, 자세히 살펴보겠습니다.

1부 — 핫플이 탄생하는 조건

조건1. 직주락(職住楽): 일, 거주, 여가를 한 곳에서 해결하다

도쿄 도심에서 추진 중인 복합 개발 사업은 대부분 '직주락'(職住楽), 즉 일(Work), 주거(Live), 여가(Play) 기능이 융합된 형태로 조성되고 있습니다. 과거 도시 및 재개발 계획은 상업, 주거, 여가 등의 용도를 기능별로 구분해 공간을 배치하는 것이 일반적이었지만, 최근에는 이를 하나의 구조 안에 통합하는 방식이 도시 설계의 주류로 자리 잡고 있습니다.

도쿄의 재개발 트렌드도 이 흐름과 맞닿아 있습니다. 도쿄 도심에서 진행 중인 복합 개발 사업은 50개가 넘는데, 대부분 기획 단계에서부터 일, 주거, 놀이의 융합을 핵심 콘셉트로 삼고 있습니다.

이러한 통합 개발 방식의 대표적인 글로벌 사례로는 파리의 '15분 도시'(La Ville du Quart d'Heure)라는 개념이 있습니다. 이는 시민이 자택에서 도보 또는 자전거 이동만으로 15분 이내에 일상에서 필요로 하는 거의 모든 서비스를 이용할 수 있도록 도시를 재편하자는 아이디어로, 프랑스 도시학자 카를로스 모레노(Carlos Moreno)가 제안했습니다.

교육, 의료, 직장, 쇼핑, 여가 기능이 서로 가까운 거리에 분포되도록 설계함으로써 자동차 의존도를 낮추고, 지역 커뮤니티를 강화하려는 것이 주요 목표입니다. 실제로 파리는 이를 실현하기 위해 자전거 도로망을 확충하고, 학교나 공공시설 주변의 차량 진입을 제한하며, 도시 곳곳에 녹지와 보행자 전용 공간을 조성하고 있습니다. 특히 팬데믹 이후 '지역 중심의 자족적 생활 구조'에 대한 공감대가 확산되면서 이 개념은 더욱 주목받고 있습니다.

'직주락'이 통합된 도시 개발이 전 세계적인 트렌드로 자리 잡는 데에는 여러 이유가 있습니다. 우선, 직장 근처에서 거주하게 되면 출퇴근 시간이 줄어들어 스트레스가 감소하고, 그만큼 여유 시간은 늘어나 워라밸(Work-Life Balance)이 자연스럽게 실현되기 때문입니다. 또한 업무, 주거, 상업 기능이 밀집되면서 하루 종일 유동 인구가 만들어져 소비가 활성화되고, 이는 곧 지역 경제 활성화로 확대됩니다.

다양한 기능이 한 공간에 집약되면, 도시 공간은 더욱 효율적이 되고, 개발업자 입장에서도 용도 간 시너지를 통해 투자 리스크를 분산시키고 수익성을 높일 수 있습니다. 아울러 주요 기능들이 모두 도보권 내에 있음으로써 차량 이용을 줄이고 보행자 중심의 도시 환경을 조성할 수 있습니다. 이는 탄소 배출 감소라는 지속 가능한 도시의 방향성과도 맞닿게 됩니다. 이러한 이유로 '직주락' 통합 도시는 세계 곳곳에서 매력적인 개발 모델로 주목받고 있습니다.

최근 도쿄에서 가장 큰 화제를 모은 아자부다이 힐즈, 도라노몬 힐즈, 롯폰기 힐즈는 직주락 통합의 대표적인 예시입니다. '힐즈' 이름을 붙인 빌딩 시리즈를 개발하는 모리빌딩(Mori Building Co., 森ビル株式会社)이 추구하는 이상적인 도시란 '살고, 일하고, 배우고, 즐기고, 교류하며, 휴식할 수 있는, 그래서 모든 활동이 도보권 내에서 연결되는 도시'입니다. 즉, '15분 도시' 혹은 '직주락이 통합된 도시'가 디벨로퍼인 모리빌딩이 꿈꾸는 이상적인 모습입니다.

이를 실현하기 위해 모리빌딩은 반세기에 걸친 시행착오

와 경험을 통해 독자적인 도시 개발 방법론인 '버티컬 가든 시티'(Vertical Garden City, 입체 녹원 도시)라는 철학을 발전시켜 왔습니다.

핵심 원리는 세분화된 토지를 통합하고, 건물을 고층으로 만들어 지상, 지하 공간, 그리고 하늘 공간까지 효율적으로 활용하는 것입니다. 단지 건물을 높게 만들어 공간의 효율성만을 높이는 것이 아니라, 지상에 넓은 녹지 공간을 확보해 자연과 공존하는 생활 환경을 조성하는 것입니다. 모리빌딩은 주거와 업무 공간뿐만 아니라 학습, 여가, 문화, 예술, 커뮤니티 교류, 휴식 등 다양한 도시 기능을 복합적으로 설계하여 풍요로운 도시 생활이 가능하도록 했습니다. 이렇게 되면, 도시의 기능이 수직적으로 집약되고, 통근과 이동 시간은 줄어들고, 대신 여가나 배움에 활용할 수 있는 시간은 늘어납니다.

모리빌딩은 무려 40년 전부터 버티컬 가든 시티를 구상하기 시작했습니다. 1986년에 완공된 아크 힐즈는 직주 근접, 도시와 자연의 공존을 핵심으로 하는 '힐즈' 모델의 출발점이 되었습니다. 이후 2003년 완공된 롯폰기 힐즈는 도쿄를 문화로 재생한다는 콘셉트로 시작되었습니다. 그리고 2014년 개업한 도라노몬 힐즈는 도쿄를 글로벌 비즈니스 센터로 만든다는 콘셉트, 가장 최근인 2023년 오픈한 아자부다이 힐즈는 '모던 어반 빌리지'(Modern Urban Village), 즉 '도심 속 웰빙'이라는 콘셉트로 조금씩 다른 형태의 버티컬 가든 시티를 구현했습니다.

그중에서도 가장 최근 지어진 아자부다이 힐즈는 상업, 주거, 오피스, 호텔, 학교, 병원, 문화 공간까지 인간이 살아가는 데 있어 필요한 모든 시설을 한 곳에 갖추어 하나의 빌딩이자 작은 도시로서 기능하도록 설계했습니다. 그래서 버티컬 가든 시티 철학의 완성작이라고 불리우고 있습니다.

버티컬 가든 시티의 커다란 특징 중 하나는 명칭 안에 포함된 '가든'이라는 단어에서 드러나듯 녹지 조성이 재개발의 중요한 축을 담당한다는 것입니다. 또한 주거와 여가를 결합한 복합 단지로 설계해 그곳에 살고 있는 사람들끼리의 상호 작용을 촉진해 혁신적인 아이디어와 비즈니스가 자연스럽게 탄생할 수 있도록 한 것입니다. 이러한 공간은 다국적 기업과 핵심 인재를 유치하는 데 중요한 역할을 합니다.

도쿄에서 진행 중인 재개발은 단순한 도시 정비를 넘어, 삶의 방식과 도시의 미래를 다시 설계하는 작업이라고 할 수 있습니다. '직주락'이라는 개념을 중심으로 도시 안에서의 이동을 최소화하고, 사람 중심의 공간을 지향하는 방향성은 도쿄를 더 살기 좋은 도시, 더 지속 가능한 도시로 변화시키고 있습니다.

조건2. Food: 음식을 통해 사람들을 불러 모으다

도쿄의 새로운 복합 시설과 도시 개발 프로젝트를 살펴보면, 거의 모든 곳에서 식문화에 각별한 공을 들이고 있음이 눈에 보입니다. 이는 도쿄에만 국한된 현상은 아닙니다. 음식은 전 세계적으로 상업 공간의 핵심 요소이자, 사람들을 끌어들이는 강력한 콘텐츠로 자리잡고 있습니다. 먹을거리에만 국한되지 않고, 새로운 상업 공간의 앵커(Anchor) 역할을 하고 공간의 정체성과 매력을 결정짓는 중요한 요소가 되고 있습니다.

여러분도 공감하실 겁니다. 여행을 다녀와서 가장 기억에 남는 순간 중 하나는 고르자면, 현지 음식과 분위기입니다. 저 역시 화려했던 태국 사원의 내부보다는 방콕 야시장에서 먹었던 볶음 국수의 맛, 베트남 하노이의 대성당보다는 목욕탕 의자에 앉아 마시던 커피와 맥주, 스페인의 박물관보다는 타파스 거리의 흥겨움이 기억에 남습니다. 음식은 단순한 식사 이상으로, 여행의 감각을 결정짓는 문화이자 관광 자원입니다.

따라서 다양한 음식을 한자리에서 즐길 수 있는 공간은 그 자체로 풍부한 체험의 장이 됩니다. 전 세계 주요 도시들도 음식 콘텐츠를 도시의 매력을 발산하는 핵심 아이템으로 활용하고 있습니다. 뉴욕의 첼시 마켓(Chelsea Market)은 세계 각국의 음식 상점이 모여 있는 복합 미식 공간입니다. 포르투갈 리스본의 타임 아웃 마켓 리스본(Time Out Market Lisbon) 또한 기존 전통 시장을 재생하여 포르투갈의 미식 문화를 경험할 수 있도록 만든 곳입니다.

이곳들은 전통 음식부터 시작해 디저트에 이르기까지 다양한 식음 문화를 큐레이션 해놓았습니다. 그래서 현지인뿐만 아니라 관광객에게도 큰 사랑을 받고 있습니다. 즉, '식사를 하는 곳'을 넘어서 지역을 경험하는 문화 공간이 되고 있습니다.

음식은 그 자체로 방문의 이유가 되기도 합니다. 연령, 계층, 문화와 관계없이 누구나 하루에 두세 번은 소비해야 하기 때문에 식음 콘텐츠는 공간 방문을 유도하는 데 매우 효과적입니다. 특히 요즘은 SNS에 일상을 공유하는 문화가 보편화되면서 비주얼이 뛰어나고 이야깃거리가 있는 음식점은 더욱 강력한 집객력을 발휘합니다. 사람들이 교류하고, 경험을 공유하며,

공간에 대한 긍정적인 기억을 쌓는 사회적 활동에 음식이 차지하는 비중은 점점 높아만 갑니다.

식음 콘텐츠는 상업 시설의 수익에도 중요한 역할을 합니다. 방문객들의 체류 시간이 늘어나고 재방문율도 높아집니다. 그래서 인기 있는 식음 브랜드를 유치하기 위한 전쟁도 치열합니다. 앞으로 소개할 도쿄의 복합 빌딩 대부분이 오픈 당시 화제성 높은 식음 브랜드를 유치하고, 이를 홍보의 전면에 내세웠습니다. '아시아에 처음 문을 여는 뉴욕 치즈케익 브랜드'라던가 '일본에 처음 선보이는 파리의 초콜릿' 등의 캐치 프레이즈는 그곳에 방문할 이유를 만들어주었습니다. 디벨로퍼들은 잘 기획된 식음 콘텐츠가 초기 집객과 단골 확보에 있어 핵심 역할을 한다고 믿고 있습니다. 실제로 일본 내 대형 복합 프로젝트에서 식음이 차지하는 비중은 점차 커져만 가고 있습니다. '이곳에서 꼭 먹어야 하는 것들'을 선별해 제안하고, 때로는 이러한 공간을 이벤트와 결합해 운영합니다.

음식은 또한 최근의 '물건'이 아닌 '경험'을 구입하는 소비 트렌드와도 맞닿아 있습니다. 인터넷으로 어떠한 물건도 구입 가능한 지금, 소비자들이 일부러 오프라인 매장을 찾도록 만드는 경험 설계에는 음식이 핵심 역할을 합니다. 아시다시피 일본은 풍부한 식재료와 섬세한 미적 감각을 바탕으로 외국인 관광객들에게 큰 매력을 제공하는 미식 대국입니다. 음식을 먹기 위한 이유로 일본을 찾는 외국인도 많습니다. 식문화가 이미 중요한 관광 콘텐츠로 자리 잡았음을 도처에서 확인할 수 있습니다.

음식 테마파크는 이러한 내외국인들의 다양한 수요를 만족시키기에 좋은 장소입니다. 최근 몇 년 사이 도쿄에서도 특정

     1부 — 핫플이 탄생하는 조건

테마를 중심으로 다양한 음식을 한자리에서 즐길 수 있는 공간이 속속 등장했습니다. 아사쿠사, 시부야, 신주쿠, 도라노몬, 도요스 등지의 음식 테마파크는 외국인 관광객은 물론이고 현지인들에게도 새로운 문화 체험 공간으로 인식되고 있습니다. 그리고 시부야 미야시타 파크의 요코초, 신주쿠의 카부키 홀에 들어선 실내 요코초 등도 식문화를 기반으로 한 복합 공간으로 큰 인기를 누리고 있습니다. 여기서 요코초(横丁, Yokocho)란 일본어로 '좁은 골목길'을 의미하며, 도심의 좁은 골목길을 중심으로 작은 술집, 이자카야, 식당 등이 늘어서 있는 거리를 지칭합니다.

이러한 공간들은 경험을 사는 시대로의 변화 흐름에 맞춰, 상업 시설의 새로운 가능성을 제시합니다. 오피스 빌딩 내에 있는 도라노몬 요코초는 낮 시간대의 유휴 공간을 활성화시키는 역할을 하고, 도요스 천객만래, 시부야 요코초는 젊은 세대와 외국인 관광객을 겨냥해 폭넓은 고객층을 유치합니다. 이제 음식은 공간의 브랜딩과 매력도를 높이는 훌륭한 수단입니다.

조건3. Green: 자연을 도입해 공간의 질을 높이다

자연 또한 중요한 요소로 활용되고 있습니다. 백화점, 카페 등에 실내 정원을 조성하거나 벽면에 녹화를 만들고, 목재 및 석재와 같은 재료를 활용하는 등 다양한 방법으로 자연을 공간에 녹여내고 있습니다. 이러한 트렌드는 '바이오필릭 디자인'(Biophilic Design) 개념에서 비롯된 것으로 인간이 자연과의 접촉을 통해 안정감을 느끼고 창의력을 높일 수 있다는 철학에 기반합니다.

바이오필릭은 생명체(Bio)와 사랑(Philia)의 합성어에서 비롯되었습니다. 바이오필릭 디자인은 공간 속에서 자연을 '경험'할 수 있는 다양한 요소를 적극 활용합니다. 식물 배치, 자연광 유입, 물소리와 바람 등 감각적 요소의 도입은 물론이고, 공간 구성 자체를 자연과의 연결을 염두에 두고 설계합니다.

우리나라 백화점의 새로운 이정표를 제시한 더 현대 서울은 바이오필릭 디자인을 잘 반영한 공간입니다. 자연광이 들어오는 공간에 무려 12미터에 달하는 인공 폭포를 만들었습니다. 그리고 약 1천 평 규모의 실내 정원인 '사운즈 포레스트' 등 기존의 백화점에서는 상상도 할 수 없는 자연 요소로 공간을 가득 채웠습니다.

이처럼 자연 요소를 공간에 통합하는 것은 미적인 효과를 넘어서, 방문객이 느끼는 경험의 질을 높이고 체류 시간을 늘리는 데에도 큰 기여를 합니다. 사람들은 식물, 물, 자연광 같은 요소가 많은 공간에서 심리적 안정감과 쾌적함을 느낍니다. 그리고 더 오래 머무르고 싶고 더 자주 방문하고 싶습니다. 자연은 본질적으로 인간에게 심리적 안정과 편안함을 제공합니다. 바이오필릭 디자인은 이러한 자연의 효과를 도심 속에서도 누릴 수 있는 설계를 통해서, 현대인의 스트레스 해소와 웰빙 증진에 중요한 역할을 합니다.

바이오필릭 디자인은 브랜드의 가치를 높이는데도 긍적적으로 작용합니다. 이는 결국 공간의 경쟁력 강화와 매출 증대로 이어집니다. 그래서 점점 더 많은 상업 공간이 자연 요소를 핵심 전략으로 도입하고 있습니다. 이러한 흐름은 도쿄의 최신 재개발 프로젝트에서도 뚜렷하게 나타납니다. 앞으로 소개할 도쿄의 복합 상업 공간 대부분은 정원이나 공원을 핵심 요소로 포함하고 있으며, 단순한 조경 수준을 넘어, 녹지가 공간의 중심이 되는 설계를 하고 있습니다.

대표적인 사례로 아자부다이 힐즈를 들 수 있습니다. 이 프로젝트는 전체 부지 면적의 약 30%에 해당하는 약 7,300평을 녹지로 조성하고, 그 주변으로 건물을 배치했습니다. 심지어 단지 내에는 과수원과 채소밭까지 마련해 단순한 녹색 공간을 넘어 자연과의 공존을 적극적으로 실현하고 있습니다. 또 다른 예로 미야시타 파크도 있습니다. 시부야의 대표적인 재개발 사례로, 공원을 중심으로 상업 시설을 융합한 형태입니다. 옥상 공원에는 자연 공간 외에 스포츠 시설이 함께 조성되어 있어, 방문객들이 자연을 경험하고 쇼핑을 하고, 나아가 다양한 활동까지 가능한 복합 경험을 해볼 수 있게 만들었습니다.

바이오필릭 디자인은 건물 내부 인테리어에만 그치지 않고, 도시 설계 전반에 영향을 미치고 있습니다. 예를 들어, 뉴욕의 하이라인(High Line)과 리틀 아일랜드(Little Island) 같은 공원은 버려진 도시 공간을 녹지와 문화 공간으로 탈바꿈시켜 지역 주민의 일상 속 쉼터이자 도시의 상징적인 명소가 되었습니다. 싱가포르 또한 가든 바이 더 베이(Garden by the bay)와 창이 공항 내 인공 폭포인 쥬얼 레인 보텍스(Jewel Rain Vortex)로 녹색 도시라는 이미지를 강화했습니다.

최근 도쿄에서는 Park PFI라는 제도를 통해 국가가 보유한 공원을 민간 사업자가 개발하도록 허용하여 공원의 질과 서비스를 높이고 있습니다.

앞으로 소개할 도쿄의 재개발 공간들 역시 이러한 자연 요소를 적극 반영하고 있습니다. 사람들은 분주한 도시의 삶에서 심리적 피로와 공간적 답답함을 더욱 크게 느낄 것입니다. 자연과 접할 기회가 줄어들수록 균형 있는 삶을 향한 욕구는 강화됩니다. 결과적으로 사람들은 자연 속에서 휴식과 재충전이 가능한 공간을 더욱 찾게 될 것입니다. 녹지와 공원을 중심으로 한 공간 디자인은 도쿄뿐 아니라 다른 대도시의 재개발에서도 핵심 요소로 자리하고 있습니다.

조건4. Locality: 지역색으로 차별화된 경험을 설계하다

획일적인 디자인과 유사한 콘텐츠로는 더 이상 사람들의 마음을 사로잡기 어렵습니다. 특히 지금은 트렌드가 전 세계적으로 빠르게 확산되고 사람들의 라이프스타일이 비슷해지면서 도시의 모습도 서로 닮아갑니다.

이러한 시대일수록 특정 장소에서만 경험할 수 있는 지역성(Locality)은 공간의 경쟁력을 높이는 핵심 자산이 됩니다. 지역의 역사, 문화, 자연 환경 등 고유한 특성을 반영한 공간은 방문객에게 특별한 경험을 선사하고, 그 지역에 대한 기억과 애착을 형성하는 중요한 역할을 합니다. 특히 경험 소비를 중시하는 MZ세대는 '오직 이곳에서만' 경험할 수 있는 희소성을 선호합니다. 그래서 지역성을 반영한 공간은 고객의 체류 시간을 늘리고 재방문율을 높입니다.

　　　　　　　1부 — 핫플이 탄생하는 조건

최근 도쿄의 주요 재개발 프로젝트들 역시 이러한 지역성을 적극 활용하고 있습니다. 공간 자체가 단순한 상업 기능을 넘어 지역 문화를 경험하는 플랫폼으로 변화하고 있는 것이죠. 그렇다면, 지역성을 어떻게 구현할 수 있는 걸까요? 가장 좋은 전략은 지역을 대표하거나 특정 지역을 기반으로 하는 창업 브랜드를 적극적으로 큐레이션하며 입점시키는 것입니다.

도쿄역에 위치한 미드타운 야에스의 1층은 다른 상업 시설들과는 확연히 다른 느낌을 줍니다. 일반적으로 주요 상업지의 1층은 글로벌 명품 브랜드가 점유하는 경우가 많습니다. 하지만 이곳은 일본 문화를 대표하는 브랜드와 전통을 현대적으로 해석한 콘텐츠로 채워져 있습니다. 도쿄역은 일본을 방문한 외국인 관광객이라면 누구나 한 번은 거치는 관문과 같은 장소입니다. 미드타운 야에스는 이곳을 관광객이 잠시 스쳐 지나가는 장소가 아니라 일부러 방문하는 목적지로 만들고 싶었고, 일본의 전통색이 뚜렷한 브랜드를 유치함으로써 이를 구현했습니다.

지역색이 강한 브랜드는 많은 경우 지역 커뮤니티, 로컬 크리에이터, 혹은 지역의 생산자와 협업 프로그램을 진행합니다. 따라서 소비자들은 방문할 때마다 다른 체험이 가능합니다. 일본 각지에서 엄선된 식문화를 제안하는 셀렉트숍인 아코메야 도쿄의 경우, 지역의 식문화를 홍보하기 위해 정기적으로 지역의 생산자(장인)와 협업하여 특별한 제품을 선보입니다. 소비자들은 특정 기간 동안만 구입이 가능한 제품을 구하기 위해 이곳을 방문합니다.

지역색이 강한 음식과 리테일은 집객 요소로서 중요한 역할을 합니다. 새롭게 문을 여는 상업 시설에는 꼭 'OOO지역 도쿄 첫 출점'과 같은 캐치 프레이즈를 만날 수 있습니다. 지역 특산물, 전통 음식, 지역 기반 브랜드의 큐레이션은 방문객의 호기심과 체험 욕구를 자극하며, 상업 공간의 강력한 유인 요소로 작용합니다. 글로벌 브랜드가 중심이 된 다른 상업 시설에서는 얻을 수 없는 색다른 경험을 제공함으로써 차별화를 꾀합니다.

이처럼 최근 오픈한 복합 상업 시설은 단순한 쇼핑 공간을 넘어 지역 문화를 체험할 수 있는 플랫폼으로 진화하고 있습니다. 이는 공간에 새로운 의미를 부여하고, 방문객이 '그곳에서만 가능한 경험'을 할 수 있도록 설계된 전략입니다.

도시의 로컬리티는 상업 공간의 아이덴티티를 강화하고, 다른 곳에서는 만날 수 없는 브랜드, 음식, 서비스로 그곳을 꼭 방문해야 하는 이유를 만들어냅니다. 앞으로 소개할 도쿄의 재개발 공간들 역시, 지역성을 섬세하게 반영하고 있습니다.

조건5. Community: 공간에 소속감을 만들다

도쿄의 주요 재개발 프로젝트에서 공통적으로 발견되는 특징 중 하나는 '비즈니스 커뮤니티 허브'의 조성입니다. 아자부다이 힐즈의 '도쿄 벤처 캐피털 허브', 도라노몬 힐즈의 '아치', 다카나와 게이트웨이 시티의 '링크 스콜라 허브' 등 재개발 빌딩의 개장과 함께 등장하는 커뮤니티 허브는 단순히 업무 공간의 성격만 있는 것은 아닙니다. 사람과 사람을 연결하고, 아이디어를 교류하고 기회를 모색하는 장이자, 도시의 혁신 역량을 높이는 공간으로 자리합니다.

커뮤니티 허브의 조성은 일본의 대형 부동산 기업들이 최근 앞다투어 뛰어드는 스타트업 생태계 육성과도 맞물려 있습니다. 예를 들어, 미쓰이부동산(Mitsui Fudosan Co., 三井不動産)은 니혼바시 일대를 중심으로 'THE E.A.S.T.'라는 이름의 코워킹 스페이스를 거점 삼아 라이프사이언스와 우주 분야 스타트업 유치에 적극적으로 나서고 있습니다.

아자부다이 힐즈의 행보는 더욱 주목받고 있습니다. '도쿄 벤처 캐피털 허브'는 모리빌딩이 제안하는 '도쿄의 국제 경쟁력 강화'라는 비전을 상징하는 공간입니다. 무려 70개에 달하는 벤처 캐피탈을 포함한 벤처 투자 조직이 한자리에 모여있습니다. 일본에서는 거의 처음 있는 일입니다.

투자자가 모이면, 자연스럽게 스타트업도 모여듭니다. 그러면 자연스럽게 함께 아이디어를 만들고 실험하는 분위기가 생기고, 그 과정에서 새로운 비즈니스가 탄생합니다. 이런 선순환이 자리 잡게 되면 아자부다이 힐즈는 오피스 빌딩을 넘어 도쿄 전체에 활력을 불어넣는 거점이 됩니다.

최근 도쿄에 등장하는 커뮤니티 허브들은 모두 협업과 네트워킹이 자연스럽게 이루어지도록 공간을 설계합니다. 아자부다이 힐즈에는 6,000m^2 규모의 중앙 광장이 있습니다. 잔디와 나무 사이에 테이블과 의자가 놓여 있고, 크레이프나 커피를 파는 푸드트럭에 시민과 직장인이 모여듭니다. 이렇게 열린 녹지를 만든 이유는 단지 경관을 좋게 하기 위해서만은 아닙니다. 사람들이 자연 속에서 교류하고 생각을 확장할 수 있는 환경을 지향하며, 일상에서의 우연한 만남과 대화가 이루어질 수 있는 분위기를 조성합니다. 쇼핑객도, 오피스 근무자도 자연스럽게 외부로 걸어 나와 섞이고 머무를 수 있는 분위기, 일상의 느슨한 연결을 만듭니다. 결과적으로 협업과 아이디어가 싹트는 원천이 됩니다.

도쿄의 디벨로퍼들은 단순히 공간을 임대하는 것을 넘어, 직접 커뮤니티의 운영 주체로 참여하며 세미나, 네트워킹 이벤트, 입주자 간 교류 프로그램 등을 정기적으로 개최합니다. 이렇게 형성된 공간은 사람들이 단지 일하러 오는 장소가 아니라, 아이디어가 모이고 관계가 확장되는 장이 됩니다. 또한 커뮤니티에 속해 있다는 감각은 공간에 대한 소속감과 충성도를 만들어냅니다.

커뮤니티는 상업 공간의 운영 방식에도 점점 더 영향을 미치고 있습니다. 기존에는 공간에 테넌트를 입점시키고, 그 성과를 수치로 관리하는 방식이 일반적이었다면, 최근에는 공간에서 누가 어떻게 관계를 맺고, 어떤 가치를 창출하는지가 운영의 중요한 성과 기준이 되고 있습니다. 즉 한 빌딩 내에서 입주 기업들이 자연스럽게 협업할 수 있는 구조를 만들고, 외부 방문자들도 참여할 수 있는 이벤트나 콘텐츠를 기획함으로써, 지속적인 방문을 유도하고 활력을 유지합니다. 이렇게 만들어진 커뮤니티는 다양성과 창의성을 공간 속에 불어넣습니다. 다양한 배경을 가진 사람들이 한 공간에서 일하고 소통하면서, 도시에 혁신을 불러일으킵니다.

단순히 건물을 높이 올리는 것만으로는 경쟁력 있는 도시를 만들 수는 없습니다. 매력적인 공간은 벽과 바닥만으로 완성

     1부 — 핫플이 탄생하는 조건

되지 않습니다. 앞서 살펴본 키워드 모두는 '공간을 어떻게 채울 것인가'에 대한 깊은 철학과 전략의 결과입니다. 그리고 그 철학을 살아 움직이게 하는 마지막 조각이 바로 커뮤니티입니다.

도쿄의 최근 가장 주목받는 핫한 공간을 둘러보기 전에 이들 사이에 흐르는 공통점을 살펴보았습니다. 직주락으로 시작해서 푸드, 그린, 로컬리티, 커뮤니티로 이어지는 트렌드는 도쿄를 넘어 많은 대도시에서 공통으로 발견되고 있습니다.

저는 앞으로 도쿄, 그중에서도 최근 5년 사이에 개장한 '재개발 빌딩'이나 '핫 플레이스'에 초점을 맞추어 공간을 분석하고 소개하고자 합니다.

이 책에 등장하는 곳들은 요즘 뜨는 가게, 단순히 많이 방문하는 장소를 넘어 사람들의 취향과 트렌드를 반영하는 공간입니다. 이러한 측면에서 재개발 빌딩은 트렌드가 모이는 실험의 장이라고 할 수 있습니다. 특히, 마케팅과 기획을 주업으로 하는 사람들에게 도쿄의 재개발 빌딩은 최신의 소비 취향과 공간 디자인의 레퍼런스가 모인 압축된 공간입니다. 트렌드를 경험하는 공간이면서, 동시에 트렌드를 읽고 연구할 수 있는 교과서 같은 역할을 하는 곳입니다.

일본을 대표하는 디벨로퍼는 재개발 빌딩을 기획할 때 어떻게 하면 기존의 상업 빌딩과 차별화할 것인지를 오랜 시간 고민하고 준비합니다. 여태까지 소개된 적 없는 테넌트를 입점시키거나, 팝업 스토어와 문화 이벤트를 통해 다양한 콘텐츠를 실험하며 도쿄의 상업 문화를 새롭게 설계합니다. 결과적으로 트렌드의 최전선을 한 공간에서 압축적으로 경험할 수 있는 곳이 재개발 빌딩이자 공간입니다.

　자, 그럼 지금부터 도쿄의 주요 재개발 지역과 복합 공간들을 함께 살펴보며, 그 속에 어떤 가치와 경험이 녹아 있는지 직접 확인해보겠습니다.

2부

도쿄의 공간 개발,

직접 가본

핫 플레이스

1
낙후한 도쿄역의 변신,
도쿄의 새 얼굴이 되다

도쿄를 방문하는 많은 분이 가장 먼저 만나는 동네는 아마도 도쿄역이지 않을까 싶습니다. 나리타 공항에서 나리타 익스프레스를 타면 40분 만에 도쿄역에 도착합니다. 그래서 많은 외국인이 이곳에서 일본 여행을 시작합니다. 또한 일본의 다른 지역을 관광하고 싶을 때도 도쿄역에서 전국 방방곡곡으로 이어진 신칸센을 이용합니다.

이처럼 도쿄역은 외국인 관광객에게 일본의 관문이자, 도쿄의 첫인상을 좌우하는 곳입니다. 그리고 기차와 신칸센이 하루 3천 회가 오가는 일본 전국을 연결하는 최대의 터미널이자 교통의 요충지입니다. 또한 도쿄역은 오늘날 도쿄 재개발 '씬'(scene)에서 빠질 수 없는 곳이기도 합니다. 2000년 이후부터 지금까지 그리고 앞으로 2030년까지, 약 30년에 걸쳐 진행되는 도쿄역 주변의 과거, 현재, 미래의 모습을 둘러보겠습니다.

     2부 — 도쿄의 공간 개발, 직접 가본 핫 플레이스

마루노우치의 주인, 재개발의 포문을 열다

　도쿄역이라 불리는 곳은 크게 마루노우치(丸の内), 그리고 야에스(八重洲) 지역으로 나뉩니다. 마루노우치는 도쿄역과 황궁 사이에 위치한 지역으로 일본에서 가장 큰 은행들이 몰려 있습니다. 그래서 이곳을 '일본의 월 스트리트'라고도 부릅니다.

　도쿄역 마루노우치의 재개발은 일본 부동산 회사인 미쓰비시지쇼(Mitsubishi Estate Co., 三菱地所)가 주도하고 있습니다. 미쓰비시지쇼는 도쿄역을 중심으로 무려 30개가 넘는 빌딩을 소유하고 있습니다. 미쓰비시 그룹 내 주요 기업들의 본사 빌딩 또한 마루노우치에 모여 있기에 '마루노우치의 주인'이라는 별명이 붙어있습니다.

　미쓰비시지쇼는 1998년부터 2017년까지 20년에 걸쳐 9,500억 엔(약 9조 5천억 원)을 투입해 재개발을 진행했습니다. 마루노우치를 '사람과 기업이 모여 새로운 가치를 창출하는 무대'로 재정의하며, 10년 동안 이곳을 대표하던 마루노우치 빌딩, 신마루노우치 빌딩을 그리고 2009년부터는 오테마치 파이낸셜 시티 노스 타워를 포함한 다수의 빌딩을 재건축(기존 건물을 부수고 새롭게 짓는)했습니다.

　도쿄역의 재개발에는 건축 규제 완화가 큰 역할을 했습니다. 재개발 전에는 중요 문화재인 도쿄역 주변으로 약 31m가 넘는 건물은 지을 수 없다는 규제가 있었습니다. 하지만 용적률 이전 제도(토지의 건축물이 갖고 있는 이용하지 않는 용적률을 인근 토지에 이전하여 사용할 수 있는 것)를 도입하면서 높은 건물을 지을 수 있게 되었습니다.

마루노우치 빌딩과 신 마루노우치 빌딩.
줄여서 마루비루, 신 마루비루라
칭하기도 한다. ⓒmitsubishi

재개발 전 마루노우치는 '낮의 거리'라는 별명이 붙을 정도로 평일 낮에는 금융기관에서 일하는 회사원들로 붐비지만, 야간과 휴일에는 거의 사람을 볼 수 없는 유령 타운 같은 곳이었습니다. 이에 미쓰비시지쇼는 마루노우치를 다양한 연령대의 사람들이 방문해 쇼핑하고 즐기는 곳, 낮과 밤 상관없이 활기가 도는 지역으로 바꾸는 데 총력을 기울였습니다.

1998년 마루노우치 재구축 계획이 본격적으로 시작되면서 첫 단계로 '마루노우치 빌딩'의 재건축이 결정되었습니다. 24시간 365일 활력이 넘치는 지역으로 만든다는 비전 하에 2002년 8월, 지상 37층, 지하 4층, 약 180m 높이의 랜드마크 빌딩이 새롭게 태어났습니다. 이어 2007년 4월에 완공된 '신 마루노우치 빌딩'은 지상 38층, 약 198m 높이로 두 빌딩 모두 오피스 공간뿐만이 아니라 패션, 라이스프타일 점포, 레스토랑 등 다양한 상업 시설을 갖추었습니다.

또한 마루노우치 일대를 차 없는 거리로 지정하고, 가로수를 많이 심고 곳곳에 벤치를 놓아, 걷고 싶은 거리로 만들었습니다. 이곳의 레스토랑은 노천에 테이블을 놓아, 마치 유럽과

2부 — 도쿄의 공간 개발, 직접 가본 핫 플레이스

걷기 좋은 동네로 변신한 마루노우치 ⓒoffice.mec.co.jp

같은 분위기를 자아냅니다. 게다가 미쓰비시 이치고칸 미술관을 포함한 다수의 미술관이 들어오면서 문화가 있는 동네가 만들어졌습니다. 결과적으로 마루노우치는 20대 여성 직장인들 사이에서도 일하고 싶은 동네이자, 주말에도 일부러 찾아와 쇼핑과 식사를 즐기는 동네로 변신했습니다.

마루노우치 빌딩과 신 마루노우치 빌딩의 재개발이 시작되면서 도쿄역의 이미지도 변화되었습니다. 최첨단 기능을 갖춘 오피스 빌딩이 지어지고, 국내외 유수의 기업이 입주함으로써 마루노우치 지역은 국제적인 비즈니스 중심지로 부상했습니다.

현재 진행형인 야에스 개발, 미쓰이부동산의 도전

마루노우치에서 시작된 개발이 지금은 야에스 쪽으로 옮겨 왔습니다. 재개발이 마루노우치 쪽에서 먼저 시작된 이유는 이 지역이 에도시대 무가(武家)의 넓은 저택들이 자리하고 있던 반면, 동쪽인 야에스 지역은 상인들이 살았던 지역이라 좁게 나뉜 구획에 작은 가게들이 들어서 있었기 때문입니다.

아직도 야에스의 뒷골목에는 오래된 식당과 이자카야가 산재한 옛 풍경이 그대로 남아있습니다. 그러다 보니 대규모 오피스 개발이 그동안 쉽지가 않았습니다. 도쿄역 바로 앞이라는 입지에도 불구하고, 재개발이 이제서야 진행되고 있습니다.

야에스 재개발은 일본의 부동산 회사 미쓰이부동산이 맡았습니다. 그 시작은 2023년 3월에 개장한 '도쿄 미드타운 야에스'입니다. 미쓰이부동산은 앞서 도쿄 심장부에 랜드마크를 만드는 미드타운 사업을 진행해 왔는데, 롯폰기 미드타운, 히비야 미드타운이 크게 흥행한 상태에서 세 번째 미드타운인 도쿄 미드타운 야에스를 시작했고, 역시 개점 전부터 많은 관심을 끌었습니다. 그리고 오픈 일주일 만에 40만 명이 방문하는 핫 플레이스가 되었습니다.

일본에서 '상업 시설 만들기의 달인'이라고 불리는 미쓰이

     2부 — 도쿄의 공간 개발, 직접 가본 핫 플레이스

도쿄역 동부 역세권 재개발 사업의 신호탄이 된 복합 건물, 도쿄 미드타운 야에스
ⓒ정희선

부동산이 만든 미드타운 야에스는 어떤 모습일까요? 총 사업비는 약 2,438억 엔(약 2조 4천억 원)이며, 45개 층으로 지하 1층부터 3층까지는 상업 시설, 7층~38층은 오피스, 39~45층은 불가리 호텔로 구성되어 있습니다. 이 외에도 지하 2층에는 버스터미널, 별관에는 주립 초등학교와 도쿄 대학이 운영하는 교육 시설 등이 들어서는 등 다양한 용도를 가진 복합 상업 시설로 꾸며져 있습니다.

미드타운 야에스의 사장인 고모다 마사노부 씨가 닛케이(니혼게이자이) 신문과 진행한 인터뷰 내용을 보게 되면 이곳의 개발 철학을 엿볼 수 있습니다.

"코로나19를 겪으면서 '리얼'(real)의 중요성을 재인식했습니다. 우리가 개발하는 시설을 단순한 하드웨어(건물)가 아니라 일하고, 놀고, 생활하는, 즉 사람들의 행동을 풍요롭게 하는 서비스를 제공하는 '장소'로 재인식하게 되었습니다. 상업 시설뿐만 아니라 텔레워크 공간, 공공 휴식 공간 등 사람들이 오고(모이고) 싶은 공간을 만들기 위해 노력했습니다."

이렇듯 미드타운 야에스는 단순한 상업 시설을 넘어 도쿄역 인근의 직장인, 주민 그리고 도쿄역을 이용하는 여행객 모두가 방문하고, 머물고 싶어하는 공간을 목표로 개발되었습니다.

도쿄 미드타운 야에스는 한 층이 약 1,200평(4천㎡)로 도쿄역 주변에서는 가장 큰 규모를 자랑합니다. 포스트 코로나 시대에 걸맞게 모든 공간을 터치 없이 출입할 수 있도록 얼굴 인식 시스템을 도입했습니다. 고층부에는 입주 기업 직원이면 누구나 사용할 수 있는 헬스장과 라운지를 갖춘 공유 오피스를 마련하였고, 재개발 부지에 있던 초등학교도 이전하지 않고 이곳 미드타운 안으로 들어왔습니다.

최근 도쿄에 새롭게 만들어진 복합 빌딩들은 서로 경쟁하듯 글로벌 최상급의 호텔을 유치하고 있습니다. 아자부다이 힐즈에는 아만 호텔 그룹이 만든 최고급 웰빙 호텔인 자누(Janu), 블루 프론트 시바우라에는 페어몬트 도쿄(Firmont Tokyo)가 들어섰습니다. 디벨로퍼들이 최고급 호텔 유치에 힘을 쏟는 이유는 도쿄가 가진 국제 경쟁력에 비해 5성급 호텔이 부족하다는 평가 때문입니다. 실제 최근 도쿄를 방문하는 외국인 관광객이 급증하면서 고급 호텔에 대한 수요가 많이 늘어났습니다.

고급 호텔을 유치하는 것은 새롭게 개장하는 빌딩의 이미지를 고급스럽게 만드는 것은 물론이고, 빌딩 자체에 대한 홍보 마케팅에도 자연스럽게 활용됩니다. 그리고 호텔 투숙객이

불가리 호텔 도쿄의 라운지에서는 숙박객이 아닌 이들도
애프터눈 티를 즐길 수 있다. ⓒBVLGARI HOTEL TOKYO

자연스럽게 빌딩 안에서 먹고, 마시고, 쇼핑까지 즐기기 때문에
빌딩 내 활기가 돌며 입점 가게들의 매출 증가에도 도움을 줍
니다.

　미드타운 야에스의 경우, 이탈리아의 명품 브랜드인 불가
리(Bulgari)에 러브콜을 보냈습니다. 불가리는 전 세계에 9개밖에
없는 호텔을 갖고 있습니다. 40~45층에 들어선 불가리 호텔 도
쿄는 98개의 객실에, 가장 저렴한 방이 1박 기준 25만 엔(약 250

만 원)에 달하는 최고급 호텔입니다. 내부 디자인은 이탈리아의 설계회사 ACPV Architects가 담당했습니다. 객실 내부는 일본의 전통 문화를 반영한 인테리어를 자랑합니다. 바닥, 천장 목재의 마감 등에 일본의 전통 목공 기술을 활용했으며, 교토의 직물을 활용한 소재와 이탈리아 가구를 조화롭게 배치해, 일본과 이탈리아의 감성이 자연스럽게 융합된 공간을 완성했습니다.

호텔 시설에도 꽤 공을 들였습니다. 특히 40층에 위치한 $1,000m^2$ 크기의 불가리 스파는 도쿄의 경치를 감상하며 트리트먼트를 받을 수 있습니다. 내부 수영장 또한 도쿄 시내 전경이 보이도록 설계되었습니다. 그리고 꼭 숙박하지 않더라도 호텔의 품격 있는 분위기를 경험할 수 있는 공간을 두었습니다. 바로 더 불가리 라운지입니다. 내부는 목재 패널 벽, 코프드(coffered, 사각형 또는 다각형 패턴을 반복해 입체적인 디자인을 만드는 방식)로 만든 천장, 벽난로 등으로 내부 장식이 되어 우아하면서도 편안한 분위기를 연출합니다. 이곳에서는 애프터눈 티를 즐길 수 있습니다.

미드타운 야에스에서 또 한 가지 눈여겨 볼 공간은 지하 2층의 고속버스 터미널입니다. 도쿄역 야에스 출구 앞은 각 지방으로 출발하는 버스가 많아 교통이 혼잡했습니다. 혼잡을 해결하기 위해 지방으로 출발하는 버스 정류장을 모두 야에스 미드타운 지하로 옮기는 작업을 진행했습니다. 그 결과 일본 최대 규모의 약 2만 $1,000m^2$ 규모에 달하는 거대 버스터미널이 탄생했습니다.

야에스 재개발을 기획하던 당시, 미쓰이부동산은 한 가지 고민에 빠집니다. 미드타운 야에스가 위치한 도쿄역은 일본 각지로 출발하는 신칸센, 기차, 버스 등의 교통 수단이 집결되는 곳으로 유동 인구가 16만 명에 달했습니다.

유동 인구가 많다는 것은 장점이 되기도 하지만 단점이 되기도 합니다. 도쿄역이 최종 목적지가 아니라 중간에 잠시 거쳐가는 장소가 되기 때문입니다. 그래서 미드타운 야에스는 다음의 두 가지를 중점에 두고 기획했습니다.

첫째, "어떻게 하면 방문객이 일부러 들리는 곳을 만들 수 있을까?" 둘째, "어떻게 하면 방문객의 체류 시간을 늘릴 수 있을까?" 미쓰이부동산의 고민은 이곳의 상업 공간 기획을 담당한 미쓰이물산 상업시설본부 사업추진그룹의 야스다 씨의 말에서도 여실히 드러납니다.

"도쿄 미드타운 야에스에는 버스터미널이 있습니다. 도쿄역과 버스터미널이라는 교통 거점과 직결되어 있기 때문에 기존의 상업 시설 기획과는 다른 발상이 필요했죠. 일본에는 이동 중에 발생하는 짧은 여유시간을 효율적으로 활용할 수 있는 장소가 생각보다 적습니다. 30~60분 정도의 체류 시간을 얼마나 충실하게 보낼 수 있느냐가 관건이라고 생각했습니다."

어떻게 해야 스쳐 지나가는 공간이 아니라, 일부러 찾아오고 머무는 공간이 될 수 있을까요? 방문객의 체류 시간을 늘리기 위해선 무엇이 필요할까요? 이러한 고민의 결과가 바로 미드타운 2층에 위치한 약 250평$(830\,m^2)$ 규모의 '야에스 퍼블

미드타운 2층의 '야에스 퍼블릭'은
도쿄역을 지나는 이들이 일부러 찾아 머무는 공간으로 설계하였다. ⓒ정희선

릭'(Yaesu Public)입니다.

'퍼블릭'이라는 이름에서 알 수 있듯 누구나 들러서 쉴 수 있는 공공 공간이자 작은 레스토랑과 바가 모여 있는 푸드 코트 같은 공간입니다. 하지만 상업 시설에서 흔히 볼 수 있는 식당가와는 다른 분위기를 풍깁니다. 컨테이너를 모티브로 만든 소규모 음식점이 일정한 규칙 없이 여기저기 자리하고 있으며, 그 사이로 고객들이 음식을 먹는 공간과 물건을 판매하는 공간이 혼재돼 있습니다.

고객들이 앉아서 쉴 수 있는 테이블과 의자 형태도 각양각색입니다. 혼자 온 고객, 여러 명이 함께 온 고객, 혹은 음식을 앉아서 먹는 고객, 서서 먹는 고객 등 방문객의 유형과 취향에 맞게 다양한 패턴으로 테이블과 의자가 놓여 있습니다.

     2부 — 도쿄의 공간 개발, 직접 가본 핫 플레이스

이러한 섬세한 연출로 방문객은 마치 일본 어딘가의 작은 동네를 방문한 것 같은 친근함과 편안함을 느낍니다. 마을의 한 모퉁이와 같은 느낌의 공간, 곳곳에 있는 다양한 형태의 좌석은 음식을 주문하지 않는 고객도 편안하게 머물다 갈 수 있게 합니다. 이는 신칸센 혹은 버스의 환승으로 남는 시간을 편하게 보낼 수 있도록 배려한 설계입니다.

미쓰이부동산은 이곳의 하드웨어 설계뿐만 아니라 테넌트 유치에도 많은 공을 들였습니다. 'Japan Presentation Field'라는 테마 하에 일본의 식문화를 발신하는 곳을 목표로 하고, 다른 상업 시설에서 만날 수 없는 유명한 지역 브랜드를 불러 모았습니다.

여기서 주목할 포인트는 점포를 컨테이너 형태로 구성해 점포의 입점과 퇴점을 쉽고 간단하게 할 수 있도록 했다는 점입니다. 음식점들이 사용하는 주방도 미쓰이부동산이 공용 주방 형태로 운영하기 때문에 업체들은 초기 투자 부담 없이 단기간에 출점 및 퇴점이 가능합니다.

이렇게 입퇴점을 쉽게 하도록 만든 이유는 이곳에 들어선 음식점 대부분이 모두 팝업 스토어처럼 일정 기간만 운영되기 때문입니다. 예를 들면, 미드타운 야에스 오픈 당시 7번 컨테이너 박스에서 '빙수 컬렉션 릴레이'가 운영되었습니다. 이 코너에서는 일본 전국 각지의 유명 빙수 가게들이 순서대로 일정 기간 동안만 영업을 했습니다. 가장 먼저 출점한 곳은 도쿄 야나카에 위치한 인기 빙수 가게 '히미츠도'(ひみつ堂)로 빙수만 300종류가 넘는 메뉴를 제공하며 여름은 물론 겨울에도 고객 발길이 끊이지 않는 곳입니다.

이처럼 다른 상업 시설에서는 쉽게 만나볼 수 없는 일본 전국의 유명 맛집들이 모이다 보니 관광객은 물론이고 내국인까지도 이곳 미드타운 야에스를 방문하지 않을 수가 없습니다. 게다가 일정 기간을 주기로 점포의 콘텐츠가 바뀌니 고객은 방문할 때마다 새로운 음식과 만나는 즐거움을 경험하게 됩니다. 출점 업체는 일본에서 사람들이 가장 많이 모이는 도쿄역에서 자신들의 브랜드를 알리는 홍보의 기회를 얻고, 평소에 접하기 힘들었던 고객층과 만나게 되는 이점을 누릴 수 있습니다.

'일본스러움'에서 답을 찾다

상업 시설의 '얼굴'이라고도 할 수 있는 미드타운 야에스의 1층은 어떤 모습일까요? 많은 경우 상업 시설의 1층은 해외 유명 브랜드가 차지합니다. 하지만 미드타운 야에스는 '재팬 럭셔리'를 키워드로 일본 브랜드를 입점시켰습니다.

최근 한국에서도 인기가 높은 요시다 포터(Yoshida Porter), 라이프스타일 전문점 호소(HOSOO), 다양한 커피 제품으로 유명한 하리오(Hario) 등 일본의 장인 정신을 대변하는 매장들로 1층을 채웠습니다.

'호소'(HOSOO)는 친근한 브랜드는 아니지만, 미드타운 야에스를 방문하면 주목해 볼 필요가 있습니다. 호소는 니시진오리(西陣織)를 제작하는 회사입니다.

니시진오리란 1,200년 전부터 일본 교토 지역에서 생산된 전통 직물을 말합니다. 정교하고 세밀한 장식 문양으로 유명한

미드타운 야에스 내의 호소 매장에서는 일본의 전통 직물인 니시진오리를
현대적으로 재해석한 제품들을 만나볼 수 있다. ⓒHOSOO

니시진오리를 활용해 만든 럭셔리 가방 ⓒHOSOO

이 직물은 과거 귀족 등 특권 계층을 주요 고객으로 삼아 금 · 은박이나 화려한 문양을 직물에 적용해 왔습니다. 하지만 전통 의상과 소품에 대한 수요가 줄어드는 과정에서, 일본식 문양을 넣어야 한다는 것과 기모노에 주로 사용한다는 고정관념을 버리고, 현대적 감각으로 디자인을 재해석하여 새로운 제품을 만들었습니다.

호소가 새롭게 해석하여 만든 직물은 디올과 샤넬 같은 럭셔리 브랜드 매장, 고급 호텔 인테리어에 사용되었고, 시계나 카메라 등 다양한 브랜드와의 협업이 이어지며 자신도 럭셔리 브랜드의 반열에 오르기 시작했습니다. 이런 호소가 본거지인 교토 이외의 곳으로 처음 매장을 낸 곳이 바로 미드타운 야에스입니다.

이처럼 미쓰이부동산은 상업 시설의 격전지라고 할 수 있는 이곳에서의 차별화 해결책으로 '일본스러움'에 집중했습니다. 일본 각지를 대표하는 음식과 일본을 대표하는 브랜드로 채운 공간은 국내 여행객은 물론 해외 여행객 모두에게 큰 매력을 선사하고 있습니다.

실제로 미드타운 야에스는 개점 후 한 달 동안 180만 명이 방문하는 성과를 올렸습니다. 주변 직장인, 도쿄 내 거주자, 외국인 관광객 등 다양한 고객들이 도쿄 미드타운 야에스를 찾았습니다.

저 역시 이곳을 돌아본 후 가장 먼저 떠오른 질문은 "가장 일본스러우면서도 전 세계인들이 좋아할 만한 브랜드를 어떻게 이렇게나 잘 모아 놓았을까?"였습니다. 물론 도쿄역에 위치해 있다는 입지적 이점도 한 몫을 했겠지만, 많은 테넌트들이 미드타운 야에스의 콘셉트에 공감해 입점을 결심했다고 합니다.

결국 잘 만든 콘셉트(소프트웨어)가 하드웨어만큼이나 중요하다는 것을 미드타운 야에스를 통해 또 한 번 확인할 수 있습니다.

킷테 마루노우치, 도쿄의 과거와 현재를 엮는 공간

도쿄역 근처에는 일본스러움과 지역성을 전면에 내세운 공간으로 소개해 드리고 싶은 상업 시설이 하나 더 있습니다. 야에스 미드타운에서 약 10분 정도 걸으면 도착하는 '킷테 마루노우치'입니다. 도쿄역 마루노우치 남쪽 출구 바로 앞에 위치한 이 복합 상업 시설은 우체국이라는 역사적인 건축물을 보존하면서 동시에 현대적으로도 되살린 대표적인 사례로 평가받습니다.

킷테(KITTE)는 1931년에 완공된 도쿄 중앙우체국 건물의 일부를 보존하고 재생한 후, 그 위에 지상 38층, 높이 약 200m의 초고층 빌딩인 JP 타워를 증축하면서 만들어진 공간입니다. 지하 1층부터 지상 6층까지는 상업 시설이 들어서 있습니다.

킷테 건축의 가장 큰 특징은 역사적 건축을 보존한 저층부와 전면 유리로 이루어진 고층부가 대조적인 디자인을 이루고 있다는 점입니다. 내부 디자인은 쿠마 켄고(隈 硏吾) 건축사무소가 담당했습니다. 도쿄 중앙우체국 청사의 외관을 가능한 한 원형에 가깝게 복원하였으며, 내부 골조와 상층부는 현대적인 구조로 새롭게 만들었습니다. 킷테는 단순한 리노베이션을 넘어

도쿄 중앙 우체국 건물을 재개발한 킷테 마루노우치 ⓒ정희선

　　　　2부 — 도쿄의 공간 개발, 직접 가본 핫 플레이스

약 30m 높이로 뚫린 킷테 마루노우치의 중정은
탁 트인 개방감을 선사한다. ⓒ정희선

역사적 건물과 현대 건축을 공존하게 한 건축적 실험으로 평가받고 있습니다.

킷테의 가장 인상적인 공간은 단연 중앙의 거대한 중정(아트리움)입니다. 보존된 건물과 신축된 부분이 삼각형 형태로 둘러싸고 있는 이 공간은 1층부터 6층까지 약 30m 높이의 개방감을 가진 중앙 홀로 설계되어 있습니다. 천장에서 자연광이 유입되어 시간대에 따라 내부 분위기가 변화하며, '도심 한복판에서 사람과 사람, 과거와 현재가 교차하는 열린 장소'라는 콘셉트를 시각적으로 구현합니다.

각 층은 아트리움을 둘러싼 회랑 형태로 연결되어 있어 밝고 개방적인 분위기를 형성하고 있습니다. 4층에는 옛 우체국 장실이 당시의 모습 그대로 일부 복원되어, 건물의 역사를 전달하는 전시 공간으로 활용되고 있습니다. 6층에는 킷테 가든 옥상 정원이 조성되어 있는데, 도쿄역의 마루노우치역사의 붉은 벽돌 돔을 정면으로 바라볼 수 있으며, 주변의 회사원, 시민, 방문객이 휴식을 취하는 곳이기도 합니다.

킷테는 건축적으로도 의미가 있는 공간이지만, 그 안에 들어선 상업 시설 또한 정교하게 큐레이션 되어 있음을 알 수 있습니다. 다른 상업 시설에서 흔히 만나볼 수 있는 해외 브랜드보다 일본 문화를 느낄 수 있는 브랜드가 다수 입점되어 있습니다. 그중에서도 마케팅과 기획을 하시는 분들이 영감을 얻을 수 있는 브랜드 몇 개를 소개하고자 합니다.

가전제품 회사가 만든 밥이 주인공인 식당

물건이 넘쳐나는 지금, 상품이나 서비스의 기능적 가치만으로는 차별화가 점점 어렵습니다. 아무리 기능적인 가치를 강조해도 예전만큼 소비자에게 직접 전달되지 않는 경우도 많습니다. 이에 최근에는 제품의 기능적 가치를 감각으로 이해할 수 있는 '깊은 체험'을 설계하는 브랜드가 늘고 있습니다. 체험을 통해 고객들에게 제품의 기능을 자연스럽게 각인시키고, 이를 브랜드 자산으로 활용하는 것입니다. 이러한 관점에서 주목할 만한 공간이 조지루시 마호빈(象印マホ―ビン)이 운영하는 '조지루시 식당'(象印食堂)입니다.

국내에도 '코끼리 밥솥'이라는 별명으로 널리 알려지며 1970~80년대 인기를 끌었던 조지루시는 밥솥과 보온병 등을 제조하는 일본의 가전 업체입니다. 가전제품 제조사가 식당을 열다니 의아하게 여길 수도 있는데요, 이는 조지루시의 대표 제품인 밥솥의 기능을 알리기 위함입니다. "맛있는 밥이, 여기에 있습니다"라는 콘셉트 아래 자사의 압력 전기밥솥인 엔부다키로 지은 밥의 우수성을 고객들에게 알리는 방법으로 '밥'이 주인공이 되는 식당을 연 것입니다.

조지루시 식당에는 두 가지 코스(표준 코스, 별도 코스)로 지은 흰 쌀밥과 건강미(현미 등)를 제공합니다. 흰 쌀밥은 매월 쫀득한 밥과 고슬고슬한 밥으로 교체되며, 밥의 양은 많이, 보통, 적게 세 단계 중 하나를 선택할 수 있으며, 무제한 리필이 가능합니다. 밥과 함께 제공되는 반찬과 국은 계절감을 반영함과 동시에 밥의 맛을 최대한으로 음미할 수 있도록 고안된 식단입니다.

조지루시 식당에서는 다양한 밥을 시식함으로써
조지루시 밥솥의 성능을 체험할 수 있다. ©정희선

고객 체험의 핵심은 밥의 비교 시식에 있습니다. 식당이 제
공하는 모든 밥은 무제한으로 리필할 수 있으며, 식감의 차이를
비교할 수 있도록 다양한 밥을 맛보도록 권장합니다. 이러한 체
험을 통해 고객은 밥 짓는 방식에 따른 미묘한 맛의 차이를 명
확하게 인식하고, 결과적으로 밥솥의 성능을 이해하게 됩니다.
즉 단순히 맛있는 밥을 제공하는 것이 아니라 '밥 짓는 방식의
차이가 만들어내는 가치'를 직접 눈과 입으로 확인하도록 유도
합니다.

조지루시 식당은 현재 연간 약 6억 엔의 매출을 기록하고 있습니다. 그룹 전체 매출(2024년 기준 872억 엔)의 1%에도 미치지 않지만, 가전 제조업체가 운영하는 식당이 독립 사업으로 정착했다는 점에서 주목할 필요가 있습니다.

조지루시 식당은 기업의 기술력과 가치관을 체험할 수 있는 공간입니다. 이곳에서는 제품 개발자의 고집과 고객 중심의 철학을 오감으로 느낄 수 있습니다. 기능이 평준화된 시대에 이러한 체험 설계는 브랜드를 지속 가능하게 하는 힘이 됩니다.

전통을 현대적으로 해석한 브랜드

킷테 내에는 몇백 년 전에 만들어졌으나 지금까지도 사랑받는 브랜드가 다수 자리하고 있습니다. 그중 먼저 노사쿠(能作, Nousaku)를 소개해 드립니다.

'노사쿠'는 1916년 작은 주물 공방으로 출발해, 한 세기 동안 수차례 위기를 넘기며 지금은 제2의 전성기를 맞이하고 있는 식기 및 인테리어 소품 브랜드입니다. 노사쿠는 전통적으로 주물에 사용되지 않던 소재인 '주석'에 주목했습니다. 쉽게 변형되는 성질 때문에 식기로는 부적합하다는 업계의 상식을 깨고, "잘 휘어진다면, 휘어지는 그대로 사용하면 된다"는 역발상으로 주물 식기 카고(KAGO) 시리즈를 탄생시켰습니다.

사용자가 원하는 모양으로 자유롭게 구부려 변형할 수 있는 이 제품은 주물 산업에서는 상상하기 어려운 혁신 상품이었습니다. 큰 호응을 얻으며 브랜드의 대표 시그니처 라인이 되었습니다. 현재 노사쿠는 전통 공예와 현대 라이프스타일을 융합한 독특한 브랜드로 인기를 끌고 있습니다.

노사쿠에 이어 소개할 브랜드는 '나카가와 마사시치 상점'(中川政七商店, Nakagawa-masashichi)입니다. 나카가와는 1716년 일본 교토 인근의 나라 지역에서 삼베 원단 도매상으로 창업했습니다. 에도 시대에는 무사나 승려의 옷, 다기를 닦는 수건 등 직물을 활용한 생활용품 전반으로 다루는 품목을 확장하며 큰 인기를 누렸습니다. 그러다 2000년 이후 일본 공예 시장이 침체에 빠지면서 매출 감소를 경험합니다. 이러한 상황 속에서 나카가와는 생활 잡화로서는 최초로 기획, 제조, 유통에 이르기까지 전부를 관할하는 SPA형 비즈니스 모델로 전환합니다.

나카가와의 핵심 비전은 '일본 공예를 활기차게'입니다. 전국 800여 개에 달하는 지방의 제조 업체와 함께 상품을 만듭니다. 킷테에 위치한 나카가와 상점 내에는 전통 공예를 활용한 다양한 라이프스타일 상품이 진열되어 있습니다. 인테리어 용

노사쿠의 대표상품인 '휘어지는 그릇'은 침체됐던 실적을 회복시킨 주인공이다.
©shopnousaku.com

 2부 — 도쿄의 공간 개발, 직접 가본 핫 플레이스

품, 주방 도구, 그리고 옷에 이르기까지 지방의 중소기업들이 몇백 년에 걸쳐 지켜온 공예 기술을 이용하여 현대적인 감각으로 다시 태어난 제품들이 한가득입니다.

킷테를 떠나기 전, 마지막으로 '군교쿠도'(薰玉堂, KUNGYO-KUDO)라는 브랜드도 꼭 둘러 보기를 권합니다. 군교쿠도는 교토에서 출발한 일본에서 가장 오래된 인센스(incense, 향) 제조사입니다. 교토의 많은 사찰과 불교 용품 매장에 인센스를 공급하던 군교쿠도 역시 시대의 변화에 따라 매출이 줄어들었습니다. 예전에는 일본 집집마다 불단을 두었지만, 그러한 풍습이 사라지고 사찰을 찾는 사람도 적어졌기 때문입니다.

이에 군교쿠도는 요즘의 라이프스타일에 맞추어 가정에서 쓸 수 있는 향기나는 제품을 만들기 시작했습니다. 그리고 오일, 핸드 크림, 캔들 등을 제품군에 추가하여 종합적인 아로마 브랜드로 탈바꿈했습니다. 라이프스타일 브랜드로서 본거지인 교토를 벗어나 처음 만든 매장이 킷테 안에 자리 잡고 있습니다.

이렇듯 킷테 안에는 전통과 현대가 융합된 브랜드들이 다양하게 자리하고 있습니다. 각 브랜드는 고유한 정체성은 지키되, 시대의 변화에 맞춰 제품과 디자인을 끊임없이 진화시켜 왔기에 지금까지도 꾸준히 사랑받고 있습니다.

야에스 재개발은 진행 중, 2027년 최고 빌딩 완공

미드타운 야에스의 개장으로 시작된 야에스 지역의 재개발은 지금도 진행 중입니다.

가장 주목받는 프로젝트로는 '토프롬 야에스'(TOFROM YAESU) 입니다. "다양한 정보, 사물, 그리고 사람이 야에스로 향하고(TO), 야에스로부터 나온다(FROM)"는 바람을 담아 이름을 지었다고 합니다. 토프롬 야에스는 지상 51층과 10층 규모의 2개 동으로 구성되며, 오피스 외에도 고속버스터미널, 상업 시설, 그리고 약 800명을 수용할 수 있는 극장 등이 들어설 예정입니다.

이곳의 테마는 일하는 사람들의 심신 건강과 웰빙을 고려한 오피스 환경을 만드는 것입니다. 41층 휴게 공간에는 온천실이 설치되어 있습니다. 온천의 다양한 미네럴 성분이 담긴 미세 안개가 퍼져, 단순히 방 안에 들어가기만 해도 이완 효과, 면역력 증진, 피로 회복 등의 효과를 기대할 수 있습니다. 옷을 입은 채 온천에 들어간 것과 같은 효과를 누릴 수 있습니다. 13층 웰빙 전용층에는 면역 기능을 돕는 식사가 제공되고, 다실에서 우린 차와 유사한 품질의 차를 마실 수 있는 기계도 설치되어, 이곳에서 일하는 사람이라면 누구든 이용할 수 있습니다.

2026년 완공 예정인 토프롬 야에스는 직원들에게 다른 오피스 빌딩에서는 찾기 힘든 부가가치를 제공한다는 점을 어필하여 입주 기업을 모집하고 있습니다. 입주 기업의 유치를 담당하고 있는 부동산 회사 도쿄타테모노(Tokyo Tatemono Co., 東京建物)의 관계자 말에서도 그 철학을 엿볼 수 있습니다.

"인재 채용과 유출 방지 등 인재와 관련된 과제는 어느 기업에나 있는 문제입니다. 우리는 거기에 주목하고 있으며, 그런 문제 해결을 염두에 두고 웰빙을 핵심으로 한 상품 기획을 진행하고 있습니다."

　토프롬 야에스 말고도, 미쓰비시지쇼가 또 하나의 거대 프로젝트를 이 지역에서 시작했습니다. 2020년 이후의 '마루노우치 넥스트 스테이지'라는 슬로건 아래 유라쿠초(有楽町) 지역과 도키와바시(常盤橋) 지역을 정비하는 것입니다. 이 프로젝트의 주요 목표는 마루노우치 지역에 국한되지 않고 유라쿠초, 긴자, 히비야, 니혼바시, 야에스, 도키와바시 등 도쿄역 주변의 지역을 모두 연결하는 것입니다.

　이 프로젝트의 핵심이 되는 건물은 니혼바시 앞쪽에 진행 중인 '도키와바시 프로젝트'입니다. 프로젝트를 대표하는 두 개의 타워 중 하나인 도키와바시 타워는 2021년 6월에 완공되었으며, 지상 38층의 빌딩으로 오피스가 주를 이룹니다. 그리고 두 번째 빌딩인 토치 타워는 2027년 완공될 예정이며, 높이 390m에 지상 63층에 달하는 일본 제일의 초고층 빌딩 자리를 노리고 있습니다. 현재 일본에서 가장 높은 빌딩은 아자부다이 힐즈의 모리 JP 타워이지만 3년 뒤에는 토치 타워에게 최고의 자리를 내어줄 예정입니다.

　미쓰비시지쇼, 미쓰이부동산 그리고 도쿄타테모노까지. 대형 부동산 개발업체들이 뛰어들어 도쿄역을 새롭게 만들어 가고 있습니다. 도쿄를 방문하는 여행객들에게 있어 조금씩 달라지는 도쿄역의 모습을 발견하는 것은 큰 즐거움이 될 것입니다.

　미드타운 야에스에 들어선 초고급 불가리 호텔에 머물기는 쉽지 않겠지만, 누구나 방문 가능한 로비에서 애프터눈 티를 즐겨보는 것은 어떨까요? 새로운 얼굴로 변신 중인 도쿄역 주변을 바라보면서요. 지금 도쿄역은 단지 스쳐 가는 것이 아니라 일부러 방문하고 즐기며 시간을 보내는 곳으로 바뀌고 있습니다.

2027년 도쿄역 인근 야에스에 들어설 토치 타워 이미지.
일본 최고의 마천루 자리를 노리고 있다. ⓒtokyotorch.mec.co.jp

     2부 — 도쿄의 공간 개발, 직접 가본 핫 플레이스

2
10대들의 패션거리는 옛말!
시부야가 달라졌어요

"재개발은 단지 오래된 건물을 새로운 건물로 바꾸는 것만이 아니다. 진정으로 효과적인 재개발은 사람의 흐름을 바꾸고 새로운 경제권을 창출하는 것이다."

일본의 한 디벨로퍼가 방송에서 언급한 말입니다. 이 말을 생생하게 증명하는 곳은 어디일까요? 저는 도쿄의 시부야(渋谷)를 꼽고 싶습니다. 시부야는 재개발을 통해 사람의 흐름이 바뀌고 이미지가 완전히 바뀐 대표적인 곳입니다.

과거 시부야는 10~20대가 즐겨 찾는 쇼핑몰이 많고, 이들이 유행을 선도하는 곳이라는 이미지가 강해 '젊은이들의 거리'라는 별명이 붙어있었습니다. 가수 아무로 나미에가 선풍적인 인기를 끌던 1990년대, 그녀를 추종하는 긴 생머리의 젊은 여성들이 피부를 까무잡잡하게 태닝하고 통굽 부츠를 신고 거리를 활보하는 모습이 시부야를 대표하는 모습 중 하나였습니다.

이러한 시부야에 시부야 스트림, 시부야 스크램블 스퀘어, 시부야 후쿠라스 등 새로운 빌딩들이 들어서고, 구글 재팬과 같은 IT 기업의 사무실이 들어서면서 분위기는 크게 바뀌었습니다.

여러분이 기억하는 시부야는 어떤 모습인가요? 완전히 변화한, 그리고 아직도 변화 중인 시부야를 함께 둘러보겠습니다.

도큐부동산의 시부야 재개발 프로젝트

"100년에 한 번."

도쿄의 재개발, 그중에서도 시부야 재개발을 소개할 때 일본 언론들이 흔히 사용하는 표현입니다. 100년에 한 번 있을까 말까 할 정도의 대규모 재개발 프로젝트가 시부야 곳곳에서 진행되고 있기 때문입니다.

시부야의 재개발 프로젝트는 시부야 지역에서 철도 사업을 시작해 부동산 사업으로 진출한 도큐부동산(Tokyu Land Co., 東急不動産)이 2012년부터 시작하여 현재까지 진행하고 있습니다. 2012년 시부야 히카리에, 2018년 시부야 캐스트 그리고 시부야 스트림, 2019년에는 230미터의 높이를 자랑하는 초고층 건물인 시부야 스크램블 스퀘어가 차례대로 개장하면서 시부야의 풍경이 달라지기 시작했습니다.

시부야역은 일일 승하차객 수가 무려 약 330만 명에 달하는 일본에서 가장 번잡한 곳이라 해도 과언이 아닙니다. 그런데 시부야(渋谷, 거친 골짜기)는 이름의 한자가 의미하는 그대로 골짜기에 형성되어 있습니다. 그러다 보니 비탈이 심한 언덕이 많습니다. 게다가 많은 철도 회사가 복잡하게 얽혀있고, 국도 246호선이 지나면서 지역이 조각조각 단절되어 있습니다.

지도를 보시면 시부야 지역이 동서남북 사분면으로 분할되

　　　　　2부 — 도쿄의 공간 개발, 직접 가본 핫 플레이스

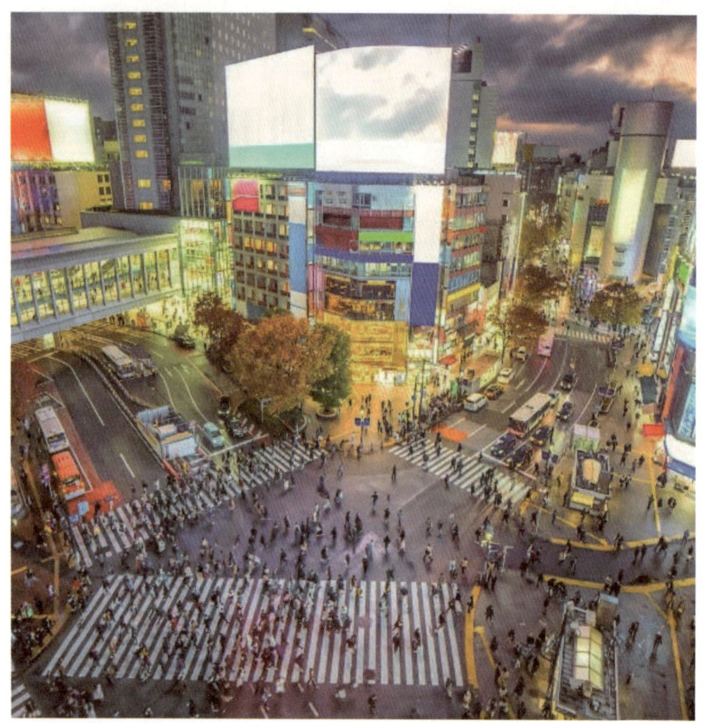

시부야 교차로는 세계에서 가장 복잡한 교차로 중 하나로 알려져 있다.
ⓒTokyu Plaza

어 있다는 점을 확인할 수 있는데요, 이렇게 분할된 지형은 이동을 방해하고 자연스럽게 사람의 흐름이 정체되는 문제로 이어집니다. 결국 우리가 잘 아는 시부야 스크램블 교차로 앞 하치코 광장 주변만 북적입니다. 그래서 사람의 흐름을 자연스럽고 원활하게 만드는 것이 시부야 재개발의 중요 과제였습니다.

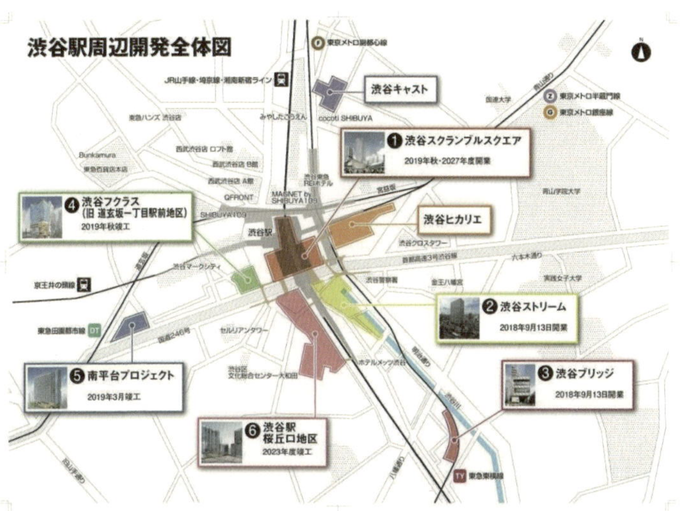

국도와 철도로 동서남북이 분할된 시부야의 모습

ⓒtokyu-land.co.jp

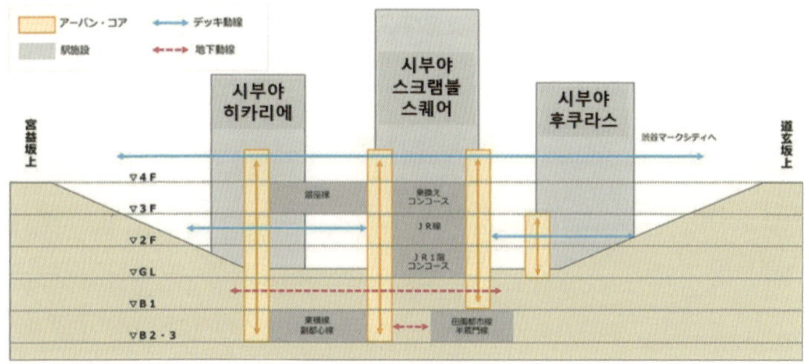

지하와 지상을 연결하는 세로형 공간을 만들고,
건물과 건물 사이를 연결해 시부야 내 이동이 편해졌다. ⓒtokyu-land.co.jp

언덕과 분절된 구획을 극복하는 아이디어

시부야역은 JR야마노테선이나 도쿄 메트로 긴자선에서 다른 라인으로 환승할 경우 무려 7층 높이에 달하는 건물을 오르내리는 것과 같은 노력이 필요합니다. 이에 도큐부동산은 "경사가 급하고 높낮이 차이가 있는 지역에서 사람들이 편하게 이동하도록 만들자"라고 생각하고, '어반 코어'(Urban Core)라는 개념을 도입했습니다. 어반 코어는 지하와 지상을 연결하는 세로형 공간을 만들고, 엘리베이터와 에스컬레이터를 통해 바닥에서 위로 쉽게 올라갈 수 있도록 한 것입니다.

시부야 내 일련의 재개발 중 어반 코어 개념을 가장 먼저 도입한 곳은 재개발 프로젝트의 시발점이 된 건물 시부야 히카리에입니다. 이후 시부야 스트림, 시부야 스크램블 스퀘어에도 어반 코어 개념을 그대로 적용했습니다. 결과적으로 건물 내에서는 수직 이동이 편리해지고, 역과 상업 시설을 연결하는 통로가 등장해 사람들이 손쉽게 시부야 거리로 나갈 수 있게 되었습니다.

"히카리에 덕분에 시부야 동쪽 출구에 사람들의 흐름이 생겼습니다. 그리고 시부야 스트림으로 인해 시부야에서 다이칸야마 방면으로 흐름이 생겼고요. 이후 스크램블 스퀘어가 오픈하면서 역을 중심으로 동서남북으로 사람의 흐름이 생기게 되었습니다. 분절되었던 지역이 연결되고 확장되었어요. (중략) 히카리에를 통해서 사람들의 흐름이 극적으로 좋아진 것을 확인했습니다. 수직 이동만이 아닙니다. 지하를 연결하는 통로 그리고 지상을 연결하는 보행 데크를 만들어 사람들의 흐름이 극적으로 좋아졌습니다." (도큐부동산, 토우우라 료스케 시부야 개발 사업부

지하철 역의 환승도 훨씬 원활해졌습니다. 2020년 1월, 지하철 긴자선의 홈이 히카리에 쪽으로 이전하는 등 시부야를 지나는 대다수의 지하철 승강장과 홈이 스크램블 스퀘어의 주변으로 모여들었습니다. 이에 따라 지하철과 철도 사이의 환승에 걸리는 시간이 평균 4분에서 2분으로 단축되었습니다.

어반 코어 개발을 통해 시부야의 모습이 깨끗하게 정비되었을 뿐만 아니라 보행자 중심의 환경이 조성되며 이 지역이 보행자 친화적인 공간으로 변화하기 시작했습니다.

직장인이 모이는 복합 문화 거리로

많은 일본인은 한때 시부야를 '10~20대가 모이는 거리'정도로 생각했습니다. 하지만 지금은 그런 표현이 어색할 정도로 다양한 연령대의 사람들이 모이고 있습니다. 즉, 재개발 이후 '어른들도 즐길 수 있는 시부야'로 이미지가 바뀌었습니다. 대표적인 이유가 많은 IT 기업이 시부야로 모여들었기 때문입니다.

2000년 이전에는 "시부야에서 일하는 사람이 있나?"라는 인식이 지배적이었습니다. 잠깐 2000년대 초반 IT 붐이 일면서 벤처기업들이 잠시 이곳에 모인 적 있지만, 사무실이 부족했기에 시부야의 IT 붐은 그리 오래가지 못했습니다. 그러다 최근 시부야가 재개발되면서 신축 사무실을 갖춘 초고층 건물이 속속 들어섰고, 구글 재팬을 포함한 많은 IT 기업이 시부야로 오기 시작했습니다. 이러한 움직임은 최근 재개발의 특징인 '복합형 재개발'을 배경으로 합니다. 많은 오피스와 공유 업무 공간이 들어섰고 퇴근 후 즐길 수 있는 레스토랑과 문화 시설이 함께 들어서자 젊은 직원이 많은 IT 기업에게 매력적인 공간이 되었습니다.

시부야는 몰려드는 방문객 수에 비해 양질의 호텔이 부족하다는 평가를 받은 적이 있습니다. 시부야 구가 2006년 러브 호텔의 증가를 막기 위해 건축 규제 조례를 제정하고 이를 엄격하게 적용하다 보니, 관광객이 묵을 호텔이 들어서지 못했습니다. 그러다 2016년 규제가 완화되면서 좀 늘어나긴 했지만, 많은 외국인이 시부야에서 관광을 즐기더라도 숙박은 신주쿠나 다른 지역에서 하는 경향이 강했습니다.

지금은, 최근 몇 년 동안 외국인 관광객을 공략한 개성적인 호텔이 들어서기 시작했습니다. 미야시타 파크에 들어선 호텔 시퀀스와 소셜 호텔을 표방하는 트렁크 호텔 등이 대표적입니다. 이제는 먹고 놀고 일하며 잠을 잘 수 있는 공간으로도 시부야가 재탄생했다고 할 수 있습니다.

공원을 공중으로 올리다, 미야시타 파크

"자극과 쾌적함이 교차하는 4층짜리 공원."

시부야 재개발을 대표하는 건축물인 '미야시타 파크'(MIYASHITA PARK)의 콘셉트입니다.

2020년 선보인 도쿄 시부야역 북쪽에 위치한 미야시타 파크는 기존의 공원을 공중으로 올리고, 아래에는 상업 시설과 호텔이 함께 어우러지도록 설계한 복합 공간입니다.

사실 미야시타 파크는 1996년부터 있었던 공원입니다. 공영 주차장 위에 만든 도쿄 최초의 옥상 공원이었습니다. 하지만 공원이 노후화되면서 재개발을 하게 되었고, 현재의 미야시타 파크로 재탄생했습니다.

미야시타 파크는 '입체도시공원제도'(立体都市公園制度)를 활용해 만든 공원입니다. 입체도시공원제도는 도시 공간을 입체적으로 활용하기 위해 도입된 제도입니다. 지상뿐만 아니라 지하나 고가(공중) 공간에도 공원을 조성할 수 있도록 허용함으로써, 도심의 한정된 토지를 보다 효율적으로 활용하는 것을 목적으로 합니다.

시부야구는 공원 면적을 최대한 확보하고, 남북으로 나뉘어 있던 공간을 하나로 통합하는 등 도시의 과제를 해결하면서 공공성을 높이는 것을 주된 목표로 삼았습니다. 동시에 공원과 상업 공간을 어떻게 자연스럽게 연결할지를 중요하게 보았습니다.

공원과 상업 몰이 서로 분리되지 않고, 옥상 공원과 하층부가 부드럽게 이어질 수 있도록 접근성과 연결성을 중요하게 고려한 설계는 어떤 모습일까요?

미야시타 파크 내 공원은 지상 약 17미터 높이의 4층에 위치하며, 그 아래 3개 층에는 다양한 상업 시설이 들어서 있습니다. 공원은 동서로 약 35m, 남북으로는 약 330m 길이에 걸쳐 있으며, 북쪽 끝에는 18층 규모의 호텔이 있습니다. 건축적인 특징으로는 곡선을 그리는 아치 모양의 지붕이 공원과 상업 시설을 덮고 있습니다. 남북으로 나뉜 시설 중 남쪽은 실내형 몰 그

     2부 — 도쿄의 공간 개발, 직접 가본 핫 플레이스

미야시타 파크는 기존의 공원을
공중으로 올려 만들었다.
ⓒMIYASHITA PARK

미야시타 파크는 두 개의 건물을 브릿지로 연결하여
하나의 큰 공원으로 만들었다. ⓒMIYASHITA PARK

리고 북쪽은 반 실외형 몰로 만들어졌으며, 곳곳에 개방된 공간과 벤치를 배치했습니다. 전 층에 걸쳐 공원과 거리를 산책하는 느낌이 나도록 했습니다.

먼저 미야시타 파크의 상징이라고 할 수 있는 공원의 모습부터 살펴보겠습니다. 가장 주목할 것은 브릿지입니다. 미야시타 파크는 두 개의 건물로 이루어져 있습니다. 이 상태에서 옥상에 정원을 만들면 두 개의 별도의 정원이 만들어집니다.

미야시타 파크는 이 과제를 브릿지를 만들어 해결했습니다. 두 개 건물 사이에 폭 15m 정도를 브릿지를 만들어 연결한 것입니다. 이렇게 되자 작은 공원 2개가 아니라 무려 330m의 길이에 달하는 커다란 공원이 시부야의 공중에 탄생하게 되었습니다. 브릿지를 통해 연결된 공원은 단순히 크기만 확장된 것이 아니라, 시부야의 도심 속에서 누구나 쉽게 접근할 수 있는 개방형 휴식 공간으로 재탄생했습니다.

미야시타 파크의 공중 공원은 누구나 와서 쉴 수 있다.
ⒸMIYASHITA PARK

미야시타 파크는 누구나 자유롭게 이용할 수 있습니다. 현지 주민뿐만 아니라 관광객들에게도 인기 있는 명소입니다. 그리고 이 커다란 공간에는 시민들이 이용할 수 있는 다양한 스포츠 시설이 들어서 있습니다. 스케이트 보드를 탈 수 있는 공간, 클라이밍이 가능한 볼더링 시설, 심지어 비치 발리볼이 가능한 샌드 코트까지 있습니다. 그리고 곳곳에 자리잡은 잔디와 벤치는 휴식을 위한 공간으로도 충분합니다.

그리고 공원 안에는 독특한 콘셉트의 스타벅스가 있습니다. 이 매장은 일본 스트리스 패션의 선구자라고 불리우는 후지와라 히로시(Fujiwara Hiroshi)가 참여한 것으로 유명합니다. 후지와라는 음악, 패션, 디자인을 넘나드는 멀티 크리에이터로 나이키, 루이비통 등과 협업하며 세계적인 인지도를 얻은 인물입니다.

이 매장은 도심 한복판에 자리잡은 주유소를 모티브로 했습니다. 단순히 외형만 주유소처럼 만든 것이 아니라 자유로운

     2부 — 도쿄의 공간 개발, 직접 가본 핫 플레이스

후지와라 히로시가 주유소를 모티브로 디자인한
스타벅스 미야시타 파크점 @fashion-headline.com

스트리트 감성을 매장 내에 그대로 연출하고 있습니다. 금속 구
조물, 네온 조명 등은 마치 시부야 한복판에서 드라이브인 카페
에 온 듯한 인상을 줍니다. 시부야의 감성과 미야시타 파크의
정체성을 잘 보여주고 있습니다.

미야시타 파크는 초기에 기획될 당시 실내형 쇼핑몰로 계
획되었습니다. 하지만 시부야 거리와 연결되는 느낌을 주기 위
해 한 동은 '야외형 몰'로 변경했습니다. 상업 시설의 주요 통로
는 약 6미터의 폭으로 일반적인 상업 시설에 비해 넓은 편이며,
1층의 로드숍을 포함하면 전체 상업 공간의 약 70%가 외부와
접하도록 설계되어 실내 쇼핑몰에서는 느끼기 힘든 개방감을
줍니다.

그리고 상업 시설은 '50미터 이론'을 적용하여 설계되었습
니다. 50미터 이론은 일본의 대표적인 건축설계사인 닛켄셋케
(日建設計)가 대형 상업 시설을 설계할 때 사용하는 공간 구성

전략입니다. 이 이론은 공간 내에서 약 50미터 간격으로 시각적 변화를 주어 방문객들이 한 공간 안에서도 계속 흥미를 유지하며 이동할 수 있도록 한다는 점이 핵심입니다.

사람은 단조로운 공간을 오래 걷다 보면 지루함을 느끼기 쉽습니다. 그렇기에 적절한 간격(50m)으로 시야를 환기시켜 줄 수 있는 요소를 넣는 것이 필요합니다. 예를 들어, 에스컬레이터, 계단, 다리 등을 배치하여 사용자가 자연스럽게 다음 공간으로 이동하고 싶게 만드는 것입니다. 이처럼 공간 속에서 반복적으로 새로운 장면을 마주하게 하면, 고객은 전체 시설을 더 깊이 있게 체험하고 체류 시간 또한 늘게 됩니다.

미야시타 파크는 50미터 이론을 적용하여 쇼핑몰의 내부를 걷는 동안 일정한 간격으로 다양한 요소를 만날 수 있도록 설계했습니다. 쇼핑몰을 걷다 보면 얼마 안 있어 에스컬레이터가 등장하거나, 시야가 트이는 공간이 나타납니다. 그리고 외부로 열린 디자인을 채용하여 상하층 간의 이동이 자연스럽습니다. 이로 인해 방문객 시야에 보이는 것들 또한 계속적으로 변화하기에 지루할 틈이 없습니다.

그리고 입점하는 상업 시설에 높은 자율성을 부여했습니다. 쇼핑몰 내 매장에는 기본적인 가이드라인만 제시하고, 점포의 입구와 파사드는 각 브랜드가 원하는 방식으로 디자인할 수 있도록 했습니다. 그 결과 매장마다 개성이 드러나며 공간 분위기가 조금씩 달라지고, 방문객에게는 지루함 없는 다양한 경험을 제공합니다.

"메시지를 강하게 전달하기보다, 사용자가 자유롭게 이용할 수 있도록 보조하는 것이 우리의 역할입니다"(미쓰이부동산,

어반사업부 사업추진그룹, 마츠모토씨)

민간의 창의적인 아이디어로 공원의 매력을 높이다

미야시타 파크의 큰 특징 중 하나는 민간과 공공이 협력하는 PPP(공공-민간 파트너십) 방식으로 진행된 프로젝트라는 점입니다. 시부야구가 30년간의 정기차지권(定期借地權, 일정 기간 토지를 빌려 사용하는 권리)을 설정해, 이를 미쓰이부동산에게 임대하면서 가능해졌습니다. 이로써 미쓰이부동산은 약 34년 10개월 동안 총 235억 엔(2,350억 원)을 시부야구에 임대료로 지불해야 합니다.

이 중 공원과 주차장 시설은 미쓰이부동산이 직접 지어서 시부야구에 넘기는 방식으로 처리되었습니다. 다시 말해, 공원과 같은 공공시설을 미쓰이 부동산이 대신 지어주고 그 대가로 임대료의 일부를 받는 셈입니다. 그래서 이 시설에 대한 소유권이나 사용권은 시부야구가 갖고 있습니다. 이러한 방식은 건물을 짓고 임대 수익을 올리는 것에만 그치는 것이 아니라, 시민과 도시가 함께 사용하는 공간을 만든다는 철학을 바탕으로 합니다. 그래서 공원이나 건물의 기능 역시 고정되지 않으며, 향후 필요에 따라 시설을 바꾸거나 다른 용도로 활용할 수 있습니다.

이렇게 공공 공간에 민간 자본을 유치해 시설 개선과 관리, 운영을 효율화하는 제도를 '파크-PFI'(Park-Private Finance Initiative)라고 합니다. 민간 사업자가 공모를 통해 공원에 카페, 레스토랑

키타야 공원 내 블루보틀 커피는
공원과 커피 공간이 자연스럽게 이어지도록 설계되었다. ©정희선

등 수익 시설을 설치·운영하고, 그 수익으로 산책로나 광장 등 공원의 노후 시설을 정비·관리하는 민관 협력 방식입니다. 미야시타 파크 프로젝트는 파크-PFI의 대표적인 사례이자 공공 공간과 상업 공간의 경계를 허문 사례로 평가받고 있습니다.

프로젝트의 설계를 맡은 닛켓셋케의 미쓰이 씨는 '어떤 공공성을 담아낼 것인가'는 설계자로서 항상 고민해야 할 중요한 포인트라고 강조합니다. 그는 "지금까지는 사업화되지 못했던 공원이 이번에는 프로젝트의 중심이 되었다"며 앞으로도 이런 공공과 민간이 함께 공원을 만드는 사업이 늘어날 것을 전망했습니다.

최근 일본에서는 미야시타 파크처럼 파크-PFI를 활용한 공원의 재정비 프로젝트가 활발하게 추진되고 있습니다. 2017년 도시공원법 개정 이후, 대도시뿐 아니라 지방 소도시까지, 약

   2부 — 도쿄의 공간 개발, 직접 가본 핫 플레이스

200개 이상의 지자체가 파크-PFI 도입에 관심을 보이고 있으며, 2021년 기준으로 65개의 노후된 공원에 이 방식이 적용되었습니다. 초기에는 카페, 레스토랑, 매점 등이 주를 이루었으나, 최근에는 캠핑장, 렌탈 공간, 숙박 등으로 시설이 다양화되고 있습니다. 이 제도는 노후된 공원의 리뉴얼과 기능 향상에 크게 기여하고 있습니다.

미야시타 파크에서 도보로 약 5분 정도 걸리는 거리에 위치한 키타야 공원(北谷公園)은 2021년 4월, 파크-PFI 제도를 도입해 민간 사업자인 도큐 그룹이 공원의 리뉴얼 및 운영을 맡고 있습니다. 이곳에는 유명한 커피 전문점인 '블루보틀 커피'(Blue Bottle Coffee)가 파크-PFI 사업을 통해 새롭게 조성된 2층 건물에 입점했습니다.

이곳 블루보틀 커피는 공원과 자연스럽게 어우러지는 디자인이 인상적입니다. 카페의 1층은 전면 유리로 만들어졌는데, 이 유리 창을 개방하게 되면 카페 내부와 외부의 경계가 불분명해집니다. 카페 앞의 공원이 마치 전용 마당과 같은 느낌을 주게 됩니다. 자연스럽게 방문객들은 공원에 앉아서 커피와 디저트를 즐깁니다. 마치 공원 내 벤치가 블루보틀 카페의 좌석인 것과 같습니다.

많은 경우 블루보틀 매장은 시크한 이미지의 금속이나 흰색을 주로 사용하는 내부 인테리어로 군더더기 없는 인상을 풍기는데, 이곳은 공원과의 조화를 염두에 뒀습니다. 공원에 설치된 벤치와 동일한 나무 색상으로 좌석과 테이블을 만들고, 드립 커피를 내리는 공간의 커피 스탠드도 갈색 타일을 사용해 내부와 외부가 자연스럽게 조화를 이루도록 했습니다.

누구나 반기는 라이프스타일 호텔, 시퀀스 미야시타 파크

미야시타 파크에서 주목 받는 곳 중 하나는 옥상 공원과 연결된 호텔입니다. 미쓰이부동산 그룹의 새로운 호텔 브랜드인 '시퀀스 미야시타 파크'(Sequence MIYASHITA PARK)가 그 주인공인데요, 가장 큰 특징은 호텔 로비와 공원을 매끄럽게 연결하여 숙박객이 아닌 사람들도 이용할 수 있는 공간을 만들었다는 점입니다.

시퀀스는 미국과 유럽에서 시작된 '라이프스타일 호텔' 업태를 미쓰이부동산이 독자적으로 해석하여 만든 브랜드입니다. 라이프스타일 호텔은 지역 주민과 적극적으로 소통하고 지역 문화를 반영하는 호텔을 말합니다. 그래서 호텔의 로비와 라운지 등 공용 공간을 누구에게나 개방합니다. 숙박 기능만을 제공하는 기존의 호텔을 넘어 여행자와 지역 사회를 연결하고, 여행자들이 현지의 아트, 음악, 음식 등을 좀 더 쉽게 경험할 수 있도록 했습니다.

대표적인 라이스프타일 호텔은 1999년 미국 시애틀에서 탄생한 '에이스 호텔'(Ace Hotel)입니다. 에이스 호텔은 '머무는 곳'을 넘어 '살아보는 곳', '경험하는 곳'으로 호텔의 역할을 확장했다는 평가를 받습니다. 이러한 라이프스타일 호텔의 철학을 일본에서 구현한 곳 중 하나가 미야시타 파크 안에 자리잡은 시퀀스 호텔이며, 다른 하나는 트렁크 호텔입니다. 트렁크 호텔은 특히 '소셜라이징'(socializing)을 핵심 콘셉트로 하여 시부야 지역 주민과 호텔의 숙박객들이 적극 교류하는 장을 만들었습니다. 이곳의 로비 라운지 또한 누구나 와서 일하고 휴식하며

　　　　　　　

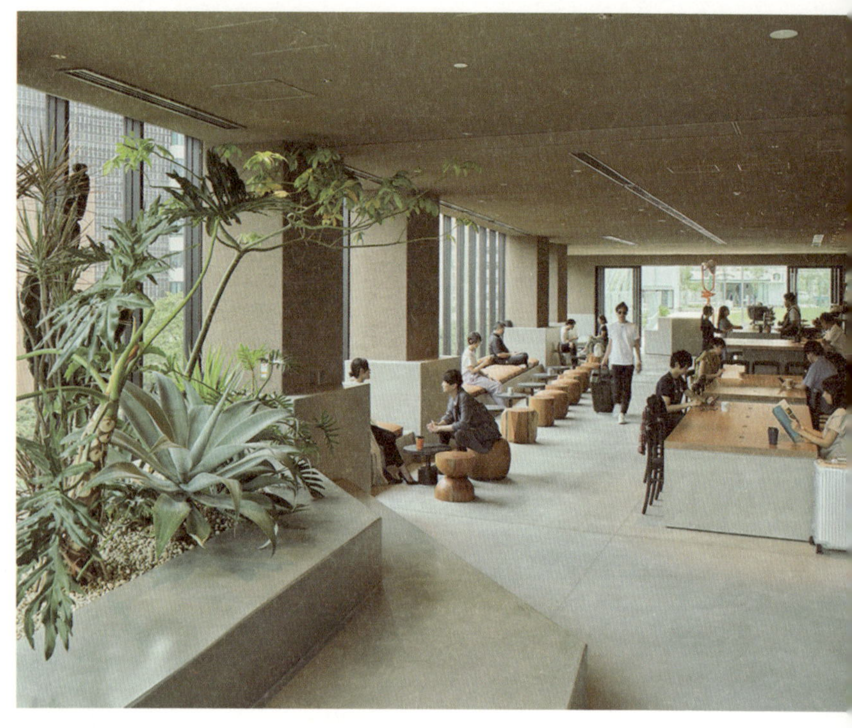

시퀀스 호텔의 로비는 공원과 자연스럽게 이어진다.
ⓒMIYASHITA PARK

함께 교류할 수 있습니다.

이중 한 곳인 시퀀스 호텔로 가보겠습니다. 시퀀스 호텔은 미야시타 파크의 공원 끝에 있습니다. 그래서 330m에 달하는 기다란 공원이 호텔의 앞마당 역할을 합니다. 호텔의 로비가 4층에 있어서 공원에서 바로 들어갈 수 있습니다. 그리고 호텔과 로비가 연결되는 밸리 파크 스탠드(Valley Park Stand)라고 이름 붙인 공간도 만들었습니다. 시퀀스 호텔의 기획 프로듀싱을 맡은 웰컴의 오가와씨의 이야기를 들어 보겠습니다.

"가장 중점을 둔 것은 공원(미야시타 파크)과 호텔(시퀀스)의 연결을 어떻게 표현할 것인가였습니다. 그래서 그 연결 부분인 밸리 파크 스탠드의 위치를 고민하는 단계에서 '애초에 공원이 뭐였지?'라는 생각을 많이 했어요. 공원이란 의자가 아닌 곳에 사람이 앉아있거나, 반대로 의자를 책상처럼 사용하기도 하는 등 사람들이 각자 나름대로 사용법을 정하고 자유롭게 드나들며 시간을 보내는 곳이잖아요. 이를 힌트로 밸리 파크 스탠드의 바닥도 공원과 같은 모르타르 재질로 하여 공원에서 자연스럽게 이어지도록 했어요. 그리고 호텔 로비라고 하면 보통 의자와 테이블을 배치하는 경우가 많은데, 저희는 콘크리트로 단을 만들어 '저게 화단인가, 벤치인가, 아니면 스케이트보드를 탈 수 있는 곳인가?'라는 의문이 들 정도로, 해석에 따라 얼마든지 다르게 활용할 수 있도록 남겨두었어요. 시부야 전체가 가상의 국립공원이라고 한다면, 밸리 파크 스탠드는 방문자 센터(visitor center) 같은 곳이라고 이해해 주세요. 잠시의 휴식이나 정보 수집 등을 위해 부담 없이 방문해 주셨으면 하는 바람을 담았습니다."

시퀀스 호텔은 라이프스타일 호텔의 철학을 지향하며 로비와 레스토랑을 숙박객뿐만 아니라 공원 및 상업 시설 이용객도 자유롭게 이용할 수 있도록 했습니다. 호텔이 공원과 만나 융화되면서 자연스럽게 많은 사람들이 방문하는 장소가 되었습니다.

   2부 ─ 도쿄의 공간 개발, 직접 가본 핫 플레이스

시부야 요코초, 전국의 향토 음식을 한 자리에서

시부야 미야시타 파크 1층에 자리한 '시부야 요코초'는 일본 최북단의 홋카이도에서 남쪽의 오키나와까지 일본 전역의 음식을 즐길 수 있는 곳입니다. 식당의 배치는 일본 열도를 따라 북쪽에서 남쪽으로 이동하는 순서로 구성되어 있습니다.

입구에서는 홋카이도의 음식이, 안쪽으로 들어갈수록 요코하마, 시코쿠, 규슈, 오키나와 등 남쪽 지방의 음식이 등장합니다. 마치 일본 전역을 여행하듯, 한 장소에서 다양한 지역의 맛을 경험할 수 있습니다.

요코초의 분위기는 70~80년대의 레트로한 상점가를 재현해서 각 점포를 옛 목욕탕이나 파친코와 같은 느낌이 나도록 꾸몄습니다. 외국인 관광객들에게는 요코초의 문화와 일본 전역의 요리를 한자리에서 맛볼 수 있다는 점이 매력입니다. 그리고 일본의 20대들에게는 타임머신을 탄 듯 복고 감성을 느낄 수 있는 곳이기도 합니다.

시부야 요코초는 요코초 기획과 운영에 특화된 회사인 하마쿠라적 상점제작소(浜倉的商店製作所)에서 기획하고 운영합니다. 하마쿠라는 도쿄 에비스의 텅 비어 있던 시장을 요코초로 바꾸어 인기 공간으로 만든 기획력을 가진 회사입니다.

에비스 요코초는 20개 구획 즉, 작은 가게 20곳이 영업 중인데 가장 작은 곳은 1.4평 정도, 넓어도 6평에 불과합니다. 보통 이런 경우는 음식점 운영에 특화된 한 기업이 장소를 통째로 빌려 각각 다른 업종으로 운영하는 경우가 많습니다. 하지만 한 개의 회사가 운영하면 아무리 업종이 다르다고 해도 어딘가

레트로한 느낌의 시부야 요코초에서는 일본 전국의 음식을 맛볼 수 있다.
©gotokyo.org

비슷한 분위기가 되어 버리는데, 하마쿠라는 이를 피하기 위해 공식적으로 테넌트를 모집하지 않고, 지인이나 아는 사람 중에서 출점하고 싶은 이들을 모았다고 합니다. 결과적으로 에비스 요코초는 대성공을 거두었습니다. 이후 유락초, 시부야 요코초 등으로 확장하며 새로운 명소를 만들어왔습니다.

하마쿠라의 대표는 요코초를 사회적 직함이나 나이, 성별을 초월해 부담 없이 대화할 수 있는 커뮤니티로 정의합니다.

"학생 시절에는 특정 장소에서 아는 사람을 만나던 아지트가 있었지만, 사회에 나가면서 그런 장소가 줄어듭니다. 요코초는 이러한 빈자리를 채워주는 커뮤니티 공간으로, 좁은 골목을

2부 — 도쿄의 공간 개발, 직접 가본 핫 플레이스

통해 타인과 자연스럽게 소통할 수 있게 해줍니다. 이러한 콘셉트 덕분에 시부야 요코초는 지나가는 사람과 부담 없이 대등한 입장에서 대화할 수 있도록, 일부러 공간을 확장하지 않고 좁게 유지합니다. 통로나 가게 안에서 '잠깐 실례합니다' '아, 안녕하세요'라는 대화가 자연스럽게 일어날 수 있도록 합니다. 그 작은 말 한마디를 계기로 몰랐던 타인끼리 술잔을 기울이며 친해질 수도 있죠. 어른이 되어서도 그런 경험을 할 수 있다는 것은 귀한 일입니다. 그런 재미를 찾아 사람들이 모이는 곳이 제가 상상하는 요코초입니다." (하마쿠라적 상점제작소의 하마쿠라 대표, FOOD CHANNEL 인터뷰 중)

시부야의 재개발은 현재 진행형

2023년 12월, 도큐부동산이 재개발 프로젝트의 일환으로 약 2,000억 엔(약 2조 원)을 투자한 '시부야 사쿠라 스테이지'(Shibuya Sakura Stage)가 문을 열었습니다. 건물 세 개로 구성된 사쿠라 스테이지는 일과 놀이, 거주를 한곳에 모은 복합 시설입니다.

임차인 100여 곳이 입점한 건물 저층부는 우리가 복합 시설에서 흔히 볼 수 있는 의류 판매점은 없습니다. 대신 브랜드를 체험할 수 있는 쇼룸형 매장 혹은 애니메이션의 세계관을 보여주는 체험형 매장 등이 들어서 있습니다. 이곳의 오피스의 입주 계약률은 95%에 달하는데, 입주 기업의 약 80%가 IT 및 엔터테인먼트 기업입니다. 이들 특징에 맞게 건물 내에서는 디지털 사이니지를 이용한 미디어 연출, 음악, 아트 등의 행사를 정기적으로 선보이고 있습니다. 사쿠라 스테이지에는 시부야 재개발 프로젝트 중 유일하게 주택이 들어서 있고, 도쿄에서 거주하며 일하는 외국인 직장인을 위한 서비스 아파트, 육아 지원 시설, 국제 의료 시설 등도 있습니다.

앞으로도 시부야의 변신은 계속될 예정입니다. 시부야 히카리에 뒤편에 있는 지역 시부야 2초메에는 23층짜리 건물 시부야 아크가 2025년 3월 오픈하였으며, 시부야 스크램블 스퀘어의 또 다른 두 개 동 또한 2027년까지 완공될 예정입니다.

시부야는 한때 '지하 감옥' 혹은 '미로'라고 불릴 만큼 이동이 불편한 곳이었습니다. 하지만 동선이 개선되고 새롭게 지어진 복합 시설이 들어서면서 시부야의 별명이 완전히 바뀌고 있습니다. 10대가 아니어도 남녀노소를 불문하고 누구나 방문하고 싶은 지역, IT 기업이 앞다투어 오피스를 옮기는 지역, 그리고 여행객 누구나 한번은 들르고 싶은 지역으로 변신 중입니다.

하지만 이렇게 끊임없이 지어지는 새로운 건물 때문에 시부야 지역의 개성이 사라지는 것은 아닐지 걱정이 들기도 합니다. 그러나 도큐부동산의 토우우라씨의 말을 들으면 괜한 걱정이라는 생각도 듭니다.

"시부야는 도쿄역의 마루노우치나 오오테마치처럼 깔끔하게 구획된 도시가 아닙니다. 지형과 거리가 복잡해서 네모 반듯하게 정돈된 재개발은 불가능합니다. 시부야 본연의 잡다한 건물과 좁은 골목길은 남을 수밖에 없어요. 그래서 여러분이 걱정하는 시부야의 거리 문화가 사라지는 것은 아닙니다. 시부야의 옛 모습은 그대로 남아 있으면서도 새로운 것들이 계속해서 태어나는 도시가 될 것입니다."

지금 이 순간에도 변신 중인 시부야. 2030년 즈음에는 어떤 모습으로 바뀔까요? 새로운 기업이 들어서고 전 세계에서 사람들이 모이면서 역동적인 에너지로 가득하지만, 뒷골목에서는 여전히 옛 정취를 느낄 수 있는 매력 가득한 동네가 되어 있지 않을까 기대해 봅니다.

라이프스타일 호텔의 선구자: 교토의 에이스 호텔

미국 시애틀에서 시작하여 독창적인 라이프스타일 호텔로 명성을 쌓아온 에이스 호텔이 2020년, 아시아 최초 지점을 일본 교토에 열며 큰 주목을 받았습니다. 특히 에이스 호텔이 입주한 복합 상업 공간 '신풍관'(新風館)은 과거 교토 중앙 전화국 건물을 재생한 곳으로 여러 사람의 이목을 끌었습니다. 전통과 현대가 공존하는 교토에서 새로운 문화를 만들어 가고 있는 에이스 호텔에 머물며 신풍관을 둘러보았습니다.

역사가 깃든 전화국이 다시 태어나다

신풍관이 자리한 교토 가라스마(烏丸) 지역은 오래된 사찰과 현대적 상업 시설이 자연스럽게 어우러지는 교토 특유의 도시 풍경을 잘 보여주는 곳입니다. 이곳에 있는 구 교토 중앙 전화국은 1926년 완공되었으며, 근대 건축의 중요한 유산으로 인정받아 1983년 교토시 등록문화재 제1호로 지정되었습니다. 붉은 벽돌과 대칭적인 파사드가 특징으로 일본 통신 산업의 발전을 상징하는 장소입니다.

이 역사적인 건물은 2001년 '신풍관'이라는 상업 시설로 개조되어 약 15년간 시민과 관광객에게 사랑받는 공간으로 자리매김했습니다. 그러다 2017년부터 4년간의 재개발을 거쳐 2020년, 새로운 복합 문화 공간으로 다시 태어났습니다. 전체

신풍관은 유명 건축가인 쿠마 겐고가 감수한 교토의 복합 문화 공간이다.
ⓒ정희선

적인 공간의 감수는 세계적인 건축가 쿠마 겐고가 맡았습니다.

새로운 신풍관의 공간 구성

신풍관은 과거의 건물을 보존함과 동시에 동편에 지하 2층, 지상 7층 규모의 신축 건물을 지어 이 둘을 연결함으로써 완성되었습니다. 전화국 건물의 건축 요소인 높은 천장고를 남기고 아치형 창문을 만들어 이곳의 역사를 느낄 수 있도록 했습니다. 건물 중심에는 풍부한 녹음이 펼쳐진 중정을 조성하고, 자연스럽게 연결되는 세 개의 입구를 새롭게 설계함으로써 마치 도시 한복판에 숨겨진 정원과 같은 인상을 줍니다.

신풍관 중앙의 중정은 도심 속 정원으로 꾸며졌다. ⓒ정희선

기존 신풍관은 2~3층에 상업 시설이 있었으나, 상대적으로 유동 인구가 적어 임대 효율이 낮다는 과제를 안고 있었습니다. 재개발 프로젝트를 주관한 NTT 도시 개발은 이 점에 주목해 지하 1층부터 지상 1층까지는 상업 공간으로, 2층 이상은 에이스 호텔이 전 층을 사용하는 구조로 전환했습니다.

신풍관에 들어선 점포는 하나하나가 매우 흥미롭습니다. 고급 향수 브랜드인 르 라보와 메종 키츠네 카페는 일본 간사이 지방 최초 출점지로 신풍관을 택했습니다.

특히 제 눈길을 끌었던 곳은 1층에 자리한 '디스이즈 시젠'(THISIS SHIZEN)이라는 공간입니다. 이름이 의미하는 그대로 자연을 핵심 테마로 한 카페입니다('시젠'은 일본어로 자연을 의미한다). 내부에는 다양한 식물과 분재 등이 가득해 마치 보태니컬

　　　　2부 ― 도쿄의 공간 개발, 직접 가본 핫 플레이스

교토 신풍관 내 시젠은 자연을 테마로 한 카페이다. ⓒ정희선

가든(Botanical Garden)에 온 듯한 느낌을 줍니다. 모든 메뉴는 비건식으로 제공되며 꽃과 식물을 활용한 디저트를 맛볼 수 있습니다. 또한 교토의 작가들과 협업하여 장인들의 세라믹, 천연 염색 소품 등이 전시되어 있습니다. 이곳은 단순한 카페가 아니라, 교토의 감성과 미적 취향을 체험할 수 있는 공간으로 '도심 속 정원'이라는 신풍관의 콘셉트와도 맞닿아 있습니다.

지하 1층에는 영화관 '업링크 교토'(アップリンク京都)가 입점해 있습니다. 최신 블록버스터보다는 사회적 메시지를 담은 독립 영화나 예술 영화 중심으로 프로그램을 운영하며, 지역 예술계와 연계한 상영회, 토크 행사를 정기적으로 개최합니다.

이렇게 테넌트의 면면만 보아도 신풍관이 단순한 쇼핑몰을 넘어 지역 문화를 담아내고 발신하는 '문화 플랫폼'으로 거듭

나고자 했다는 점이 느껴집니다.

에이스 호텔: 여행객과 지역 주민이 교류하는 곳

신풍관에서 단연 가장 주목받은 공간은 라이프스타일 호텔인 '에이스 호텔'(Ace Hotel Kyoto)입니다. 지역 문화와의 융합을 브랜드의 핵심으로 내세우는 점은 교토의 공간에서도 그대로 드러납니다. 카페와 리셉션 사이에는 크고 긴 테이블이 놓여 있어 누구나 이용할 수 있습니다. 덕분에 투숙객이 아닌 사람들도 와서 편하게 일하는 모습을 볼 수 있습니다. 호텔 로비는 24시간 누구에게나 개방되어 있어, 지역 주민과 여행객 간의 자연스러운 소통이 이루어집니다.

로비 안쪽에는 다른 에이스 호텔에서도 볼 수 있는 '스텀프타운 커피'(Stumptown Coffee Roasters)가 입점해 있으며, 일본에서는 신풍관이 최초입니다. 스텀프타운 커피는 미국 3대 스페셜티 커피 브랜드 중 하나로, 포틀랜드를 기반으로 하며 에이스 호텔과 오랜 파트너십을 유지하고 있습니다. 힙스터 감성의 인테리어와 자유로운 분위기로 유명한 매장 분위기는 에이스 호텔의 철학과도 잘 닮아 있습니다.

호텔의 인테리어 디자인은 10년 동안 에이스 호텔과 함께 일해온 미국 LA 지역에 기반을 둔 코뮨 디자인이 맡았습니다. '동양과 서양의 만남'(East meets West)이라는 콘셉트로 일본의 전통 디자인과 서양의 현대적인 감성을 조화롭게 융합했습니다. 특히 실내 공간을 디자인할 때는 일본 전통 건축에서 볼 수 있는 요소들인 수제 종이, 목재 프레임, 대나무 공예 등을 많이

에이스 호텔 로비는 누구에게나 개방되어 있다.
ⓒ정희선

활용한 점이 인상적입니다.

　로비 벽면에는 일본 규슈의 발달 장애 예술가 커뮤니티인 쇼부 가쿠엔(Shobu Gakuen)의 대형 직물 작품이 전시되어 있으며, 객실 곳곳에는 교토 현지 작가들의 조각, 도예, 목공예 작품이 배치되어 있습니다. 또한 전시, 워크숍, 라이브 공연 등의 프로그램이 정기적으로 열리며, 교토의 예술을 경험하고 싶은 여행객들의 니즈도 충족시키고 있습니다.

　흥미로운 점은 모든 객실에 턴테이블과 레코드판이 비치되어 있어 에이스 호텔이 제안하는 음악의 세계를 경험할 수 있다는 것입니다. 단지 쉬는 것을 넘어, 투숙객들이 자신의 취향을 발견하고 지역의 예술을 느끼며, 나아가 창의적인 아이디어가

에이스 호텔 객실 내에는 턴테이블과 레코드 판이 비치되어 있다.
@정희선

   2부 — 도쿄의 공간 개발, 직접 가본 핫 플레이스

떠오르기를 바라는 의도를 담고 있습니다. 이는 투숙객들에게 새로운 영감을 제공하려는 에이스 호텔의 배려이기도 합니다.

정리하면, 전통적인 호텔이 숙박 기능에 초점을 맞춘다면, 에이스 호텔은 지역의 문화, 예술, 음악, 디자인이 어우러진 공간에서 머무는 경험 자체를 브랜드의 핵심 가치로 삼고 있습니다. 신풍관은 에이스 호텔의 이러한 가치를 공유하고 구현한 공간으로 손색이 없는 곳입니다.

더 읽기
다시 태어난 시부야의 명소: 시부야 츠타야

일본을 여행해보신 분들은 '츠타야'(Tsutaya)라는 이름을 한 번은 들어보셨을 것 같습니다. 츠타야는 일본 회사 컬처 컨비니언스 클럽(Culture Convenience Store, CCC)이 운영하는 서점입니다. 1983년 약 35평(115㎡) 규모의 작은 대여점으로 시작해, 지금은 일본 전역에 매장을 거느린 대형 서점으로 성장했습니다.

그중에서도 시부야의 점포는 츠타야를 대표하는 매장 중 하나입니다. 세계에서 가장 유명한 교차로로 불리는 시부야 스크램블 교차로 앞에 위치해, 2층 스타벅스에서는 시부야를 가로지르는 다섯 개 도로와 횡단보도가 만나는 교차점을 한눈에 볼 수 있습니다. 약 1천 명이 동시에 스크램블 교차로를 건너는 장면은 엄청난 볼거리로 유튜브 등에서 다들 한 번쯤은 보셨을 것 같습니다.

그런데 이렇게 유명세를 타던 시부야 츠타야가 2023년 11월 임시 휴업에 들어간다는 소식이 들려왔습니다. 점포의 리뉴얼을 위해서인데요, 반 년 동안의 휴업 이후 재단장을 마친 2024년 4월, 새롭게 선보인 츠타야는 서점에서 탈피해 완전히 다른 모습으로 돌아왔습니다.

시부야 츠타야는 왜 변신을 결심했을까요? 츠타야의 고민은 무엇이었을까요?

속속 문 닫는 점포, 츠타야의 위기

츠타야는 본래 CD와 DVD를 빌려주는 대여(렌털) 사업이 핵심이었습니다. 시부야 츠타야는 1999년 12월 개업해 일본 최대 규모의 CD·DVD 재고를 가진 상징적인 점포였습니다. 그러나 '좋은 영상과 음악을 통한 라이프스타일 제안'을 목표로 삼은 츠타야의 대여 사업은 유튜브, 넷플릭스 등 음악과 동영상 스트리밍 서비스가 본격화되면서 시대에 뒤처지기 시작했습니다.

이에 일부 점포를 책을 중심으로 다양한 상품을 접할 수 있는 '츠타야 서점'으로 전환하기 시작했습니다. 특히 도쿄 다이칸야마의 티사이트(T-sites)는 '책을 통해 라이프스타일을 제안한다'는 철학을 담은 곳으로 약 3,600평의 부지에 서점을 비롯해 카페, 식당, 식료품점, 자전거 판매점, 산책로 등이 모인 거대한 복합 문화 공간으로 유명합니다.

하지만 츠타야도, 츠타야 서점도 시대의 흐름을 거스를 수는 없었습니다. CD 와 DVD를

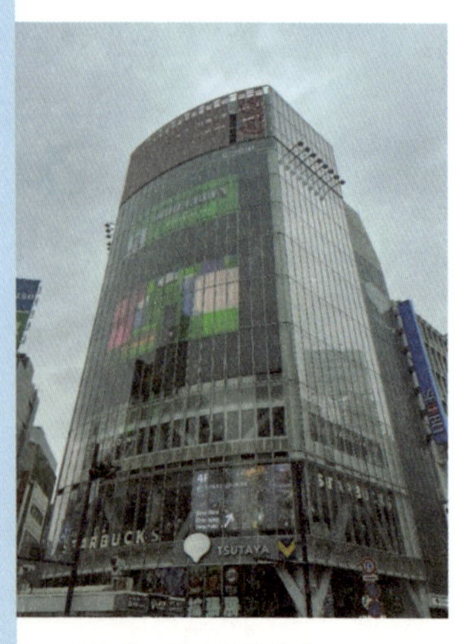

시부야 교차로에 위치한
시부야 츠타야 점포
ⓒ정희선

빌리는 사람이 줄어들고, 책 판매 역시 부진한 상황에서 2012 년 1천 400여 개에 달하던 점포는 800개로 줄어들었고, CCC 의 매출액 역시 2019년 대비 3분의 1 이하로 감소되었습니다 (2023년 기준). 일각에서는 '폐점 러시'라는 표현까지 나올 정도 였습니다.

CCC는 시부야점 리뉴얼을 진행하며, 다이칸야마의 티사 이트처럼 복합 문화 공간으로 새롭게 꾸밀 생각도 했지만, 실 제로는 그렇게 하지 않았습니다. "2011년 다이칸야마 매장을 오픈한 이후 (방문객에게) 라이프스타일을 제안해왔지만, 결국 (책을 중심으로) 유통하는 기존 비즈니스 모델에서 벗어나지 못 했다"라고 CCC 전략 점포개발본부의 카마타 타카히로씨는 말 했습니다. 이런 상황에서 시부야 츠타야의 변신은 어떤 변화를 담았을까요? 어떠한 미래를 기획했을까요?

CCC는 콘텐츠를 매개로 체험을 제공하는 것이야말로 리 테일 비즈니스의 미래라고 말합니다. 시부야 츠타야는 바로 그 러한 생각을 구현한 점포입니다.

물건을 사는 장소에서 머무는 장소로

24년 만에 리뉴얼을 거쳐 새롭게 문을 연 시부야 츠타야는 CD와 DVD 대여 서비스를 완전히 종료했습니다. 책 판매도 사라졌습니다. 대신 애니메이션 등의 콘텐츠가 가득한 '오시카 츠'(推し活)의 전당으로 변신했습니다. 오시카츠란 다른 사람에 게 물건이나 사람을 추천한다의 뜻을 지닌 '오시'와 활동이라 는 뜻의 '카츠'가 더해진 단어입니다. 즉 사람, 캐릭터, 음식, 화

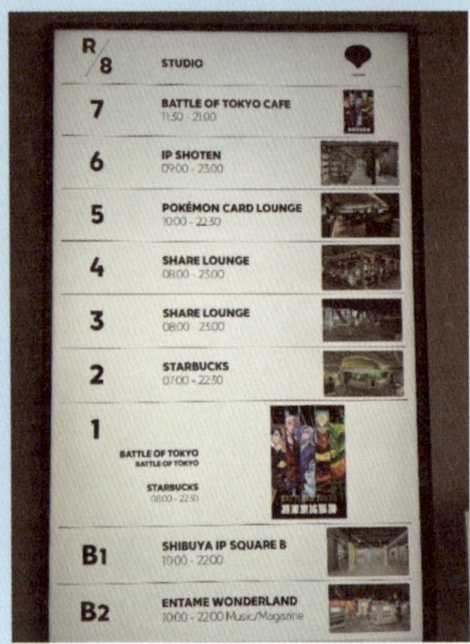

시부야 츠타야 점포는 전 층이
체험과 서비스를 제공하는 공간으로
탈바꿈하였다. ©정희선

장품, 패션, 물건 등 자신이 좋아하는 것의 매력을 다른 사람들에게 추천하고 응원하는 활동을 일컫습니다. 일종의 '덕질'이라고 해석할 수도 있습니다.

시부야 츠타야의 가장 큰 변화는 거의 모든 층을 체험과 서비스를 제공하는 공간으로 바꾸었다는 점입니다. 이제 상품을 판매하는 곳은 CD와 DVD를 판매하는 지하 2층, 애니메이션 관련 상품을 취급하는 6층뿐입니다. 1층과 지하 1층에서는 애니메이션과 음악을 주제로 하는 팝업 스토어와 이벤트가 펼쳐지고, 3층과 4층은 츠타야가 최근 힘을 쏟고 있는 셰어 라운지(Share Lounge)가 있습니다.

셰어 라운지는 츠타야가 만든 공유 오피스입니다. 시간 당 1,600엔(약 1만 6,000원)을 내면 무료 음료와 스낵 그리고 라운지 공간을 이용할 수 있습니다. 5층에는 포켓몬 카드 라운지(Pokemon Card Lounge)가 있습니다. 시간당 1,500엔을 내고 포켓몬 카드 게임을 즐길 수 있습니다. 셰어 라운지와 포켓몬 카드 라운지 둘 다 유료로 좌석을 예약하고 느긋하게 시간을 보내는 곳입니다.

2층은 변함없이 스타벅스가 자리합니다. 하지만 리뉴얼을 거치며 훨씬 정돈된 모습을 갖추었습니다. 예전에는 여느 스타벅스 매장에서나 볼 법한 나무 테이블과 의자가 놓여 있고, 외국인 관광객을 포함해 많은 사람이 자리를 얻고자 하는 혼잡한 공간이었습니다. 하지만 지금은 기존 테이블을 없애고 곡선형의 기다란 의자를 놓아 더 많은 사람이 앉을 수 있도록 레이아웃을 변경했습니다.

그리고 7층의 콜라보레이션 카페는 매달 다양한 애니메이션 콘텐츠를 테마로 운영됩니다. 콜라보 굿즈, 오리지널 메뉴 등을 선보이며 팬들의 발걸음을 붙잡습니다.

지금까지 시부야 츠타야를 둘러보셨는데요. 감이 오셨나요? 과연 츠타야는 시부야에서 무엇을 하고 싶은 것일까요?

일본의 콘텐츠를 만나는 세상을 만들자

그 힌트를 시부야 츠타야 지하 1층 입구에 쓰여진 문구에서 찾을 수 있습니다.

"좋아하는 것으로, 세상을 만들어라."(好きなもので 世界をつくれ)

시부야 츠타야는 일본 안에서는 오시카츠에 몰두하는 덕후, 일본 밖으로는 일본 콘텐츠를 사랑하는 관광객을 타깃으로 만든 공간입니다. 일본의 애니메이션 콘텐츠라는 강력한 무기를 가지고서 말입니다. 실제로 시부야는 발전을 거듭하며 도쿄를 여행하는 외국인이 꼭 방문하는 곳이 되었습니다. 도쿄도가 실시한 조사에서 시부야는 2022년 외국인이 가장 많이 방문한 지역 중 하나로 꼽혔습니다. 시부야 츠타야는 이렇게 많은 외

　　　　　2부 — 도쿄의 공간 개발, 직접 가본 핫 플레이스

시부야 츠타야 점포 내 셰어 라운지에서 업무를 하는 사람들. ⓒ정희선

시부야 츠타야 내 포켓몬 카드 게임을 즐길 수 있는 라운지가 들어섰다.
ⓒ정희선

국인 관광객이 찾는 공간에서 일본 콘텐츠를 소개하며, 이를 통해 세상을 더 재미있고 즐겁게 만든다는 미션을 수행하고 있습니다.

"전 세계 사람들이 일본 콘텐츠를 접하면서 각자 자신만의 '좋아함'이 생겼습니다. 그리고 자신이 좋아하는 것을 접할 수 있는 장소를 원하고 있습니다. 그러한 니즈니즈에 맞춰 이제는 세계적으로 유명해진 시부야에서 먼저 대응해보고 싶다고 생각했습니다." (츠타야 시부야 프로젝트 총괄 프로듀서 카마타 타카히로)

그런데 여기서 한 가지 의문이 듭니다. 물건을 판매하지 않고 서비스와 콘텐츠만으로 어떻게 수익을 얻을 수 있을까요? 시부야 한복판에 매장을 운영하기 위해서는 비용이 많이 듭니다. 타카히로씨는 오프라인 공간은 콘텐츠 사업에서 없어서는 안 될 존재라고 단언하며, 수익 역시 얻을 수 있다고 말합니다.

"앞으로 콘텐츠를 중심으로 한 리테일 사업은 스마트폰만으로는 완성되지 않을 겁니다. 스마트폰으로 연결되는 디지털 세상과 현실 세계를 오가는 중간 정도. 거기에서 다양한 트렌드가 생겨날 것입니다."

시부야 츠타야는 약 2만 명에 달하던 일일 방문객 수를 넘어, 1.5배인 약 3만 명이 방문할 것으로 내다보고 있으며, 매출의 30%는 상품 판매, 40%는 이벤트와 프로모션, 30%는 셰어 라운지에서 발생할 것으로 예측하고 있습니다. 그리고 오프라인 체험에 대한 갈망은 줄어들지 않을 것이며, 물건 판매가 아닌 체험을 통해서도 충분히 수익을 얻을 수 있을 것으로 보고 있습니다.

그렇다면, 시부야 츠타야가 성공하면, 앞으로 일본 전국에서 이와 비슷한 콘셉트의 츠타야 매장을 보게 되는 될까요? 시부야 프로젝트를 담당했던 카마타씨는 그런 일은 없을 것이라고 잘라 말합니다.

"(시부야 츠타야를) 카피한다는 생각으로 접근하면, 같은 것을 많은 곳에 가져다 놓는 것이 비즈니스 목적이 되어 버립니다. 그러면 전국 각지의 생활자들의 '좋아하는' 감정에 부응할 수 없습니다. (중략) 시부야 츠타야의 본질과 비즈니스 모델만을 살리고, 각 지역의 신생 츠타야에서는 각 지역에 맞는 체험 가치를 만들어 나가야 합니다."

앞으로 전국 여러 곳에 생길 신생 츠타야는 지역별로 다른 경험을 제공할 예정입니다. 이를 미리 엿볼 수 있는 것이 셰어 라운지입니다. 일반적인 셰어 라운지는 리모트 근무를 하는 사람들이 주된 이용객이기 때문에 쾌적한 업무를 위한 책상과 의자를 둡니다. 하지만 시부야 츠타야의 셰어 라운지 3층은 작은 테이블과 푹신한 소파형 의자를 설치했습니다. 이는 업무보다는 휴식에 더 적합한 구조입니다. 그리고 여기에 피규어를 곳곳에 전시해두어 애니메이션 덕후라면 한 번쯤은 방문해보고 싶은 공간으로 만들었습니다. 제가 방문했을 때도 외국인 관광객이 이곳에서 앉아 쉬는 모습을 많이 볼 수 있었습니다.

4층의 셰어 라운지는 업무에 집중할 수 있는 공간으로 디자인되어 있지만, 3층은 조금은 더 편안한 공간으로 크리에이티브한 업무에 종사하는 사람들을 타깃으로 했다는 인상을 받았습니다. 비치된 책 역시, 아트와 애니메이션 관련한 것이 많아, 동일한 셰어 라운지라도 어느 동네에 위치하는지에 따라 레이아웃의 설계, 가구의 선택 그리고 비치된 서적을 다르게

시부야 츠타야 내 셰어 라운지에에는 피규어가 전시되어 있다. ⓒ정희선

하고 있음을 엿볼 수 있었습니다.

지금 우리는 책, 음악, 동영상을 온라인에서 보고 듣는 시대에 살고 있습니다. 이에 츠타야는 책을 팔고 CD와 DVD를 빌려주는 대신 지식노동자들이 일을 하는 공간, 커뮤니케이션이 창출되고 아이디어가 샘솟는 공간인 셰어 라운지 만들기에 힘을 쏟고 있습니다.

앞으로 츠타야는 또 어떠한 공간을 선보일까요? '기획의 달인'이라는 별명을 유지할 수 있을까요? 츠타야의 다음 행보가 궁금해집니다.

2부 — 도쿄의 공간 개발, 직접 가본 핫 플레이스

3
하라주쿠 한복판에 목욕탕이 들어선 이유, 하라카도

하라주쿠(原宿)는 수십 년 전부터 패션을 사랑하는 10대들이 모여드는 지역으로 알려져 있습니다. 젊은 에너지가 넘실대는 지역이다 보니, 이곳에 들어설 상업 시설은 다른 동네와는 달라야 했습니다.

부동산 개발 및 운영 회사인 도큐부동산은 2024년 4월 17일 하라주쿠의 새로운 랜드마크를 표방하는 상업 시설 '하라카도'(Harakado, ハラカド)를 오픈해 화제를 모았습니다. 유리 큐브를 깎아놓은 것처럼 예쁜 외관에 대중목욕탕과 도서관을 섞은 파격적 리테일로 눈길을 끄는 이곳은 어떤 곳일까요?

하라주쿠의 주인, 도큐부동산의 고민

도큐부동산은 시부야 지역을 거점으로 철도 노선을 따라 다수의 부동산을 개발하고 운영하는 회사입니다. 도큐부동산은 시부야역을 중심으로 한 반경 2.5km 지역을 광역 시부야권

하라주쿠를 차별화하기 위해 도큐 부동산이 만든 하라카도
ⓒTokyu Land Corporation

(Greater SHIBUYA)으로 정의하고 시부야, 다이칸야마, 하라주쿠, 요요기 공원에 이르는 지역의 모습을 새롭게 만들어 가고 있습니다.

이 중에서 하라주쿠는 독특한 코스프레를 한 10대들이 많이 모이는 곳으로 유명합니다. 일본 카와이(Kwaii) 문화를 대표하는 로리타룩, 격자 줄무늬 바지에 찢어진 티셔츠를 입은 펑크룩, 검은색 옷에 실버 액세서리로 장식한 고스룩까지 다양한 스

     2부 — 도쿄의 공간 개발, 직접 가본 핫 플레이스

타일의 젊은 세대가 기세를 떨치는 곳입니다.

하지만 언젠가부터 도큐부동산은 하라주쿠의 위기를 감지했습니다. 압도적인 규모의 재개발로 주민과 관광객을 블랙홀처럼 빨아들이는 시부야와 신주쿠 사이에서 하라주쿠가 주춤하는 모양새가 될 것을 염려한 것입니다.

"하라주쿠가 앞으로도 일본의 문화를 이끌어가고 양산하는 곳이 되려면 무엇을 만들어야 할 것인가?"

하라주쿠에 대규모 부지를 보유한 도큐부동산은 고민에 빠지기 시작했습니다. 그리고 2024년 4월 하라주쿠에 생긴 상업 시설 하라카도는 이러한 고민의 결과로 탄생했습니다.

"하라카도는 단순한 상업 시설이 아닌 창조 시설입니다."

상업 시설이 아닌 창조 시설이라는 것은 무슨 뜻일까요? 장기적인 관점에서 하라주쿠에 진짜 필요한 것이 무엇인지 고민하던 도큐부동산은 하라주쿠의 특징에 주목했습니다.

하라주쿠는 일본 문화를 리드하는 힘을 가진 곳입니다. 한때 일본의 서브컬처 유행을 주도했습니다. 1960년대부터 주택 겸 상업 빌딩인 센트럴 아파트와 그 주변에 모여든 크리에이터들에 의해 수많은 유행이 이곳에서 시작되었습니다. 1980년대 버블 경제 시절 독특한 의상을 입고 야외에서 춤을 추는 타케노코족(竹の子族)이 탄생했고, 2000년대에는 '포에버 21' 등 해외 패스트패션 브랜드가 일본 최초의 점포를 선보인 곳이기도 합니다.

그렇기 때문에 하라주쿠에 들어서는 하라카도는 평범해서는 경쟁력을 가지기 어렵습니다. 과감하고 실험적이며 자극적인 리테일로 가득한 공간이어야 합니다. 그래서 도큐부동산은 다른 곳에서 볼 수 있는 상업 시설과는 다른 테넌트 구성을 했습니다. 물건을 파는 상점뿐만이 아니라 라디오 방송국, 디자인 전문학교, 잡지 전문 도서관, 심지어 목욕탕까지 하라카도 안에 입점시켰습니다.

하라카도를 대표하는 단어 '크리에이터'

"일부러 물건을 사기 위해 도심에 오는 사람이 확실히 줄었다."

하라카도 프로젝트 추진부의 이케다씨가 TV Tokyo와의 인터뷰에서 한 말입니다. 그는 하라주쿠의 파워가 과거보다 많이 약해졌다고 우려를 표했습니다.

'100년에 한 번'이라 불리는 재개발이 진행 중인 시부야, 그리고 가부키쵸 타워가 오픈하며 엔터테인먼트의 동네로 변신 중인 신주쿠, 집객 파워가 강력한 두 동네 사이에 낀 하라주쿠는 어떻게 자신의 존재감을 드러낼 수 있을까요?

앞서 인용했던 "하라카도는 단순한 상업 시설이 아닌 창조 시설입니다"라는 말의 의미를 한 번 더 되새길 필요가 있습니다. 하라카도는 크리에이터들이 기업과 자연스럽게 접점을 갖고 창의력이 샘솟는 공간을 지향합니다. 그래서 자신의 존재를 '창조 시설'로 정의합니다. 외국인 방문객이 많이 오는 곳이 아니라, 일본의 크리에이터들이 일상을 보내며 자극을 받는 곳으로 만드는 것을 비전으로 삼았습니다. 하라주쿠가 수십 년 전부터 크리에이터가 많이 모이는 동네였으니, 하라카도는 이러한

　　　2부 — 도쿄의 공간 개발, 직접 가본 핫 플레이스

크리에이터들이 영감을 받을 수 있도록 마련한 잡지 도서관 '커버'
ⓒ정희선

전통을 계승하는 핵심 기지가 되겠다는 뜻입니다.

도큐부동산이 정의하는 '크리에이터'는 전문적으로 패션이나 콘텐츠 제작을 직업으로 삼고 있는 사람만을 지칭하는 것은 아닙니다. 틱톡을 이용해 동영상을 촬영하고 발신하는 평범한 사람까지도 포함하는 넓은 의미입니다. 쇼츠 동영상을 만드는 20대 직장인 여성도 창의력이 필요한 순간에는 이곳 하라주쿠를 찾게 되길 바라는 것입니다. 이처럼 도큐부동산은 크리에이터들이 모이는 공간을 만들어 트렌드 세터로서 하라주쿠의 명맥을 이어가고자 했습니다.

하라카도는 지하 1층부터 7층 옥상 테라스까지 구성된 건물입니다. 1층에는 의류잡화점과 디저트 가게들이 있고, 2층부터가 하라주쿠의 크리에이터를 위한 공간입니다. 맨 먼저 만나게 되는 곳은 창조적 아이디어의 산실 역할을 하는 잡지 도서관 '커버'(Cover)입니다. 하라카도 2층에 자리하고 있습니다. 출판중계유통업체인 닛판(日販)이 일본의 과거와 현재를 아우르는 다양한 잡지를 모아서 전시하고 있습니다. 하라카도의 방문객이라면 누구나 자유롭게 열람할 수 있습니다. 젊은이들이 잡지 및 책과 더 가까워지고 창의적인 영감을 얻는 공간으로 설계된 곳입니다.

하라카도의 3층은 회원제 라운지, 촬영 스튜디오, 팟캐스트 스튜디오, 아트 갤러리 등 개인과 기업의 크리에이티브 활동을 지원하는 곳입니다. 그리고 '하라파'(HARA-PPA)라는 이름을 가진 4층 공간은 식물이 가득한 휴식 공간입니다. 5층과 6층에는 음식점, 7층 옥상 테라스에는 하라주쿠의 전경을 조망할 수 있는 정원이 마련되어 있습니다.

영감을 얻는 장소, 하라카도에 들어선 목욕탕

"일과 놀이, 그리고 일상이 함께 어우러진 공간에서 창의력이 피어나는 곳." 이러한 하라카도의 철학을 대표하는 공간이 지하 1층에 있는 모던한 대중 목욕탕 고스기유(小杉湯)입니다. 도쿄 고엔지역 근처에서 1933년부터 목욕탕을 운영해 온 고스기유가 2호점을 낸 것인데요. 최신 상업 시설 안에 대중 목욕탕이 들어서다니 의아하게 들립니다.

일본은 목욕 문화가 발달한 나라로 동네마다 대중 목욕탕이 하나씩 있었습니다. 하지만 집집마다 욕조가 설치되면서 대중 목욕탕도 자취를 많이 감추게 됩니다. 2009년 도쿄에 800개

     2부 — 도쿄의 공간 개발, 직접 가본 핫 플레이스

이상이었던 목욕탕이 2023년 450개 정도로 급감했고, 한 곳당 하루 평균 이용객 수는 150명 정도에 불과해졌습니다. 최근에는 폭등한 연료 값을 감당하지 못하고 파산하는 목욕탕이 나오기도 했습니다.

이러한 상황에서 90년 이상의 역사를 가진 고스기유 1호점은 유형 문화재로 등록되고, 언론에 연이어 보도될 만큼 유명세를 갖고 있는 목욕탕입니다. 평일에는 400~500명, 주말에는 900~1,000명에 달하는 사람들이 방문하며, 도쿄 내 목욕탕 평균 방문 고객의 6~7배에 달하는 놀라운 수치를 기록중입니다. 통상 50대 이상의 고객이 주 방문객인 일반 목욕탕에 비해, 고스기유 고객의 절반은 30대 이하일 정도로 젊은 층에게도 큰 인기를 얻고 있습니다.

이곳이 젊은이들 사이에서 많은 관심을 받는 이유는 이벤트를 통해 사람들을 연결하고 새로운 경험을 제공하기 때문입니다. 다른 곳에서는 팔지 않는 크래프트 콜라를 판매하거나 목욕탕 내에서 크리스마스 콘서트나 개그 라이브 등을 여는 등 목욕탕답지 않은 행보를 합니다. 덕분에 고스기유의 매출은 8년 사이 두 배 정도가 증가했습니다. 젊은 층을 중심으로 한 지역 커뮤니티를 조성하여 새로운 목욕탕 문화를 만들었다는 평가를 받고 있습니다.

이런 고스기유를 오랫동안 정기적으로 이용하던 도큐부동산의 한 젊은 직원이 목욕탕에서 사람들이 교류하는 모습을 하라주쿠에서도 재현하고 싶다는 바람을 갖게 되었고, 이 아이디가 실현이 되어 고스기유 2호점이 하라카도에 입점하게 되었습니다.

하라카도 내에 들어선 목욕탕, 고스기유 ⓒ정희선

고스기유는 '일과 놀이, 그리고 일상이 함께 어우러진 공간에서 창의력이 피어나는 곳'이라는 하라카도의 모토 중에서 '일상'의 영역을 담당합니다. 아침 일찍 혹은 밤늦게 들르는 인근 주민을 위해서 고스기유는 아침 7시부터 밤 11시까지 영업합니다.

하라카도가 고스기유에게 손을 내민 이유가 또 있습니다. 하라주쿠는 도쿄의 유명 관광지와 다르게 상업 시설과 주택이 어우러진 곳입니다. 자극적인 점포가 가득한 하라주쿠이지만 한 블록만 뒤로 가면 한적한 주택과 저층 맨션들이 자리를 잡고 있습니다. 이에 도큐부동산은 하라주쿠의 정신과 문화를 지속하는 것과 동시에 하라주쿠에 터를 잡고 살아가는 지역 주민도 함께 이용할 수 있는 시설이 필요하다고 생각했습니다. 보통

     2부 — 도쿄의 공간 개발, 직접 가본 핫 플레이스

관광지에 있는 상업 시설이 주말과 휴일 손님에만 의존하는 것에 비해, 하라카도는 고스기유를 입주시킴으로써 평일에도 주민을 불러들입니다.

기업과 소비자를 연결하는 플랫폼

또 하나 흥미로운 점은 고스기유가 기업과 소비자를 연결하는 역할을 한다는 것입니다. 목욕탕 앞에는 A~D의 4개 블록으로 나누어진 넓은 공간이 마련되어 있습니다. 각각의 공간은 파트너 기업이 임대해 사용하며 고스기유와 시너지를 냅니다. 제가 방문했을 때는 스포츠 브랜드 언더아머, 삿포로 맥주, 미용 가전 MYTREX의 제품이 전시되어 있었습니다.

예를 들어, 고스기유 회원이 되면 언더아머의 조깅화, 운동화, 운동 수건 등을 빌릴 수 있습니다. 덕분에 아침 조깅을 끝내고 고스기유에서 개운하게 씻는 동선이 가능합니다. 삿포로 맥주는 뜨끈한 목욕을 끝내고 시원한 맥주 한잔을 찾는 사람에게 시음을 권합니다. 기업이 고객과의 접점을 가지고 자연스럽게 자사의 제품과 서비스를 광고하는, 즉 고객과 기업을 연결하는 플랫폼 역할을 하는 것입니다.

"아침 일찍 들러 근처에서 조깅 하고, 목욕을 한 뒤 출근해도 좋습니다. 하루 종일 하라카도의 다른 층에 머물다가 저녁에 돌아가기 전에 요가를 하고 목욕을 한 뒤 집으로 돌아갈 수도 있죠. 고스기유는 옷도, 신분도, 직함도, 나이도 벗고, 있는 그대로의 '나'로 돌아갈 수 있는 곳 입니다."

하라카도 고스기유에 자리한
콜라보 브랜드 ©정희선

고스기유의 대표 하라마츠 씨는 이렇게 설명합니다.

즉, 직접 무언가를 판매하려는 기업의 홍보에 지친 소비자들에게, 일상의 한 장면에 녹아드는 형태로 상품과 서비스를 자연스럽게 만날 수 있는 장소로 고스기유가 역할을 합니다. 결과적으로 기업 입장에서는 새로운 마케팅과 프로모션을 시도할 수 있는 기회가 됩니다.

"일본 고유의 문화로 발전한 목욕탕을 휴식 공간으로 재인식하고, 매일 당연하게 들어가는 목욕탕이라는 장소에 기업과의 접점을 마련했습니다."(고스기유 대표이사 히라마츠 유스케, 닛케이 신문 인터뷰)

목욕을 즐겼으면 이제 하라카도의 옥상으로 올라가 보겠습니다. 이곳은 하라주쿠의 풍경을 한눈에 담기 좋은 곳으로, 하라카도를 방문한 사람들이 쉴 수 있는 정원 역할을 합니다. 동시에 기업에게는 좋은 커뮤니케이션 장소가 됩니다.

제가 방문했을 때는 옥상에서 녹차 브랜드 아야타카의 팝업 스토어가 열리고 있었습니다. 미스트와 연기를 분출하여 마치 산 꼭대기의 구름 속에 있는 것과 같은 장면을 연출했습니

    2부 ― 도쿄의 공간 개발, 직접 가본 핫 플레이스

다. 방문객들에게 하라주쿠 풍경을 배경으로 구름 속에서 아야타카 녹차를 천천히 음미하는 시간을 가져보라는 것입니다.

높은 빌딩이 별로 없는 하라주쿠에서 하라카도의 옥상정원은 탁 트인 전망을 선사합니다. 동시에 단순한 상업 공간을 넘어, 브랜드와 방문객 사이의 새로운 만남이 일어나는 무대가 되기도 합니다. 방문객은 일상의 연장선에서 자연스럽게 브랜드를 경험하고, 기업은 진정성 있는 방식으로 고객에게 다가갈 수 있는 기회를 얻습니다.

더 읽기
MZ들이 사랑하는 목욕탕: 고엔지의 고스기유

앞서 하라카도에 입점한 고스기유(2호점)를 다뤘는데요, 이번에는 원조 격인 고엔지의 고스기유(1호점)을 좀 더 살펴보도록 하겠습니다.

대형 디벨로퍼도 반한 90년 된 화제의 목욕탕

앞에서도 언급했듯이 최근 일본의 MZ세대 사이에서 핫한 장소는 시부야의 새로 생긴 쇼핑몰이나 신주쿠의 엔터테인먼트 시설이 아니라, 도쿄의 한적한 동네에 자리 잡은 목욕탕입니다.

신주쿠에서 네 정거장 떨어진 곳에 있는 고엔지(高円寺)는 도쿄의 번잡함과는 거리가 먼 동네입니다. 골목 곳곳에 자리한 빈티지 의류점, 서점, 카페 등의 소소한 매력이 가득한 곳입니다. 그래서 젊은이들이 많이 거주하는 동네이기도 합니다.

고엔지 역에서 도보 5분 정도 거리의 주택가에 고스기유 1호점이 자리하고 있습니다. 무려 90년의 역사를 가진 이곳은 목욕 공간을 넘어, 지역 주민들이 느슨한 유대감을 형성할 수 있는 커뮤니티 공간으로 기능합니다. 이곳의 대표는 목욕탕을 중심으로 새로운 라이프스타일을 제안하며 공유 오피스, 지역 이벤트, 문화 프로젝트 등으로 공간과 사람을 연결하는 실험을 이어가고 있습니다.

고스기유는 '느슨한 유대감'을 제공한다.
ⓒkosugiyu.co.jp

고엔지에 위치한 목욕탕, 고스기유는 젊은 세대들에게 인기를 끌고 있다.
ⓒkosugiyu.co.jp

느슨한 관계를 맺는 공간, 사일런트 커뮤니케이션

노인들이 주로 찾는 곳이라는 이미지가 강한 동네 목욕탕이 젊은이들의 핫 스팟이 된 이유는 할아버지와 아버지에 이어 2016년 고스기유 대표로 취임한 히라마츠 유스케(平松佑介)씨의 말에서 힌트를 찾을 수 있습니다.

"단골끼리 가볍게 대화하고 인사는 하지만, 너무 친밀하지 않고 적당한 거리감이 있다."

이처럼 고스기유에서는 '느슨한 관계'가 가능합니다. 목욕탕을 자주 방문하다 보면 익숙한 얼굴들이 생기고, 눈이 마주치면 자연스럽게 인사를 주고받게 됩니다. 굳이 말을 하지 않아도 단골들 사이에서 흐르는 대화가 귀에 들어오고, 자연스럽게 공동체의 일원이 된 듯한 느낌이 듭니다.

"이름도 나이도 직함도 모르지만, 얼굴은 알고 있습니다. 말없이 혹은 조용히 주고받는다고 해서 우리는 이를 '사일런트 커뮤니케이션'(silent communication)이라고 부릅니다. 이러한 느슨한 관계를 맺을 수 있는 점이 목욕탕의 장점이라고 생각합니다." (고스기유 대표이사 히라마츠 유스케, 닛케이 신문 인터뷰)

현대 사회에서 SNS를 통해 수많은 사람과 연결될 수 있지만, 정작 자신이 사는 동네에는 아는 사람이 없는 경우가 많습니다. 이러한 환경에서 고스기유는 젊은이들에게 '느슨한 유대감'을 제공하며, 소속감과 안도감을 주는 역할을 합니다.

"외로움이나 쓸쓸함을 느끼는 사람이 많은 것 같아요. 그런 젊은이들에게 '얼굴'과 얼굴의 '관계'를 느낄 수 있는 목욕탕은 안도감을 얻을 수 있는 소중한 장소가 아닐까요?" (고스기유

     2부 — 도쿄의 공간 개발, 직접 가본 핫 플레이스

대표이사 히라마츠 유스케, 닛케이 신문 인터뷰)

　고스기유의 탈의실 벽면에는 고민 상담 코너가 있습니다. 손 글씨로 고민을 써서 게시판에 붙여 놓으면, 이를 본 방문객이 자유롭게 답변합니다. 예를 들어 "현재 좋아하지도 않는 사람과 사귀고 있는데 어떻게 하면 좋을까요?"라는 연애 상담이 올라와 있으면, 이를 본 다른 방문객은 친구의 고민 상담에 응하듯 자신의 솔직한 의견을 전합니다. 낯선 사람에게 고민을 털어놓고, 얼굴도 모르는 누군가에게 위로받는 과정 자체가 특별한 경험이 됩니다.

　"굳이 적극적으로 말을 거는 것도 아니고, 말을 걸고 싶은 것도 아닙니다. 다만, 같은 곳을 다니는 아는 사람들 속에 있을 수 있다는 것이 마음의 안도감을 불러일으키고 있는 것 같습니다." (고스기유 대표이사 히라마츠 유스케, 닛케이 신문 인터뷰)

목욕탕이 있는 라이프스타일을 제안하다

　단지 느슨한 관계를 맺을 수 있는 장소라는 이유만으로 많은 이들이 고스기유를 방문하는 것은 아닙니다. 고스기유는 한 발 더 나아가 '목욕탕이 있는 삶'을 제안하고 있습니다.

　90년의 역사를 지닌 고스기유를 현대적으로 계승하기 위해 고민하던 히라마츠 대표는 고스기유에 옆에 지어진 오래된 아파트에 눈을 돌렸습니다. 지은 지 40년도 넘은 작은 아파트는 히라마츠시의 할아버지가 구입했던 것으로, 고스기유과 연계된 시설로 사용하라고 했습니다. 하지만 어떤 시설로 사용할지에 대한 아이디어는 전혀 없었습니다.

그러던 중 고스기유의 팬이자 커뮤니티 만들기에 능숙한 건축가 가토(加藤) 씨가 "아파트를 철거하기 전 1년동안 다양한 실험을 해보자"는 의견을 냈습니다. 이어서 이 콘셉트에 동의한 뮤지션, 아트 디렉터, 편집자 등 약 10명 정도의 젊은 크리에이터들이 아파트에 무료로 거주하면서, 다양한 이벤트를 벌렸습니다.

라이브 공연을 열고 예술가와 콜라보레이션을 진행하거나 외국인을 대상으로 목욕탕을 이용할 수 있는 민박 서비스를 기획했습니다. 또한 그림을 잘 그리는 직원이 고스기유를 비롯한 도쿄 내 목욕탕을 일러스트로 설명하는 '목욕탕 도해'를 제작했는데, SNS에서 화제가 되어 책으로 출간되기도 했습니다.

이렇게 다양한 활동이 생겨나면서, 고스기유에 활기가 돌기 시작했습니다. 이후 아파트는 철거되었고 프로젝트는 끝났지만 1년간 살았던 멤버들은 목욕탕의 새로운 가능성을 발견했다며, 이를 사업으로 전개하기 위한 회사를 만들었습니다. 이름은 주식회사 센토구라시(株式会社銭湯ぐらし). 여기서 '센토'는 목욕탕, '구라시'는 삶을 의미합니다.

이들은 고스기유 옆에 공유 오피스 '고스기유 토나리'(小杉湯となり)를 엽니다. 2층과 3층은 업무가 가능한 공간이며, 1층에는 주방과 큰 테이블, 의자 12석이 있어 작은 모임과 행사를 진행할 수 있습니다. 월 2만 2천 엔 (약 22만 원)을 내고 공유 오피스의 회원이 되면 업무 공간을 이용할 수 있는 것에 더하여 월 10회까지 고스기유 목욕탕 이용이 가능합니다.

2층에서 일을 한 후 고스기유에 들러 피로를 풀고, 때로는 1층에서 열리는 이벤트에 참가한 후 고스기유에 몸을 담그는

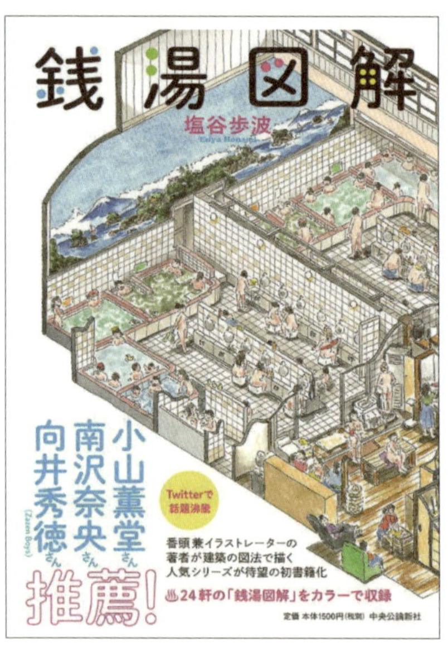

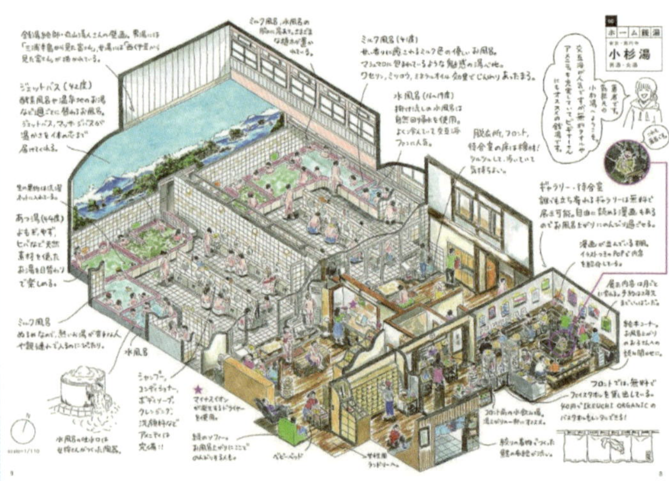

고스기유의 내부를 그린 목욕탕 도해는 책으로 출간되었다.
ⓒkosugiyu.co.jp

공유 오피스인 '고스기유 토나리'도 만들었다.
©kosugiyu.co.jp

그야말로 '목욕탕이 있는 생활'입니다. 이러한 콘셉트가 인기를 끌면서 회원 수가 늘기 시작했습니다.

고엔지 동네 전체가 '집'입니다

센토구라시는 더 나아가, 고엔지 전체를 하나의 집처럼 활용하는 개념을 도입했습니다. 고엔지 주변에는 목욕탕이 없는 아파트가 여러 채 존재하는데(1960년대 지어진 아파트 중에는 목욕탕이 없는 곳이 있습니다), 고스기유와 센토구라시가 목욕탕 없는 인근 아파트를 통째로 빌려서 임대를 놓은 것입니다.

통상 목욕탕이 없는 아파트는 임대인을 찾기가 쉽지가 않습니다. 고스기유는 입주자에게 고스기유 목욕탕의 이용권을

    2부 — 도쿄의 공간 개발, 직접 가본 핫 플레이스

포함한 임대 패키지를 제공함으로써 이 문제를 해결했습니다. '고엔지 전체를 집으로 여기고 살아간다'는 발상 하에서는 고스기유의 공중 목욕탕이 개인의 욕조 역할을 하는 것입니다. 마을 전체가 하나의 생활 공간이라는 아이디어로 '목욕탕이 없다'는 단점을 극복한 것이기도 합니다.

"임대료는 5만~6만 엔 정도를 상정하고, 고스기유 토나리의 회원비 약 2만 엔을 더해 총 8만 엔(약 80만 원) 정도면 살 수 있도록 설정했습니다. 보통 마을 만들기를 역 중심으로 생각하는 경우가 많았지만, 우리가 설계하는 새로운 콘셉트에서는 목욕탕이 중심이 되어 마을을 재구축합니다." (고스기유 대표이사 히라마츠 유스케, 닛케이 신문 인터뷰)

최근에는 목욕탕 없는 집을 일부러 고르는 20~30대도 늘고 있습니다. 월세를 줄일 수 있다는 이유뿐만이 아니라 집의 기능이나 물건을 줄이고 심플하게 살고 싶다는 미니멀리스트적인 삶을 지향하는 이들이 많기 때문입니다.

히라마츠씨가 대표로 취임할 당시, 고스기유는 아버지, 할아버지 세대까지는 인기 있는 장소였지만, 점점 목욕탕을 방문하는 사람들이 줄면서 앞으로 안정적으로 경영을 이어갈 수 있을지 고민이 많았습니다. 하지만 목욕탕이라는 공간을 재해석하자 새로운 고객들이 목욕탕을 찾기 시작했습니다.

"마을 사람들에게 사랑받는 고스기유가 앞으로 50년 후에도 100년 후에도 계속 유지될 수 있도록 하는 것이 나의 사명입니다. 그러기 위해서는 어떤 식으로든 새로운 고객층을 개척하는 것이 필수적이라고 생각했습니다." (고스기유 대표이사 히라마츠 유스케, 닛케이 신문 인터뷰)

　고스기유의 1대 대표인 할아버지는 '사람이 모이는 장소'를 만들었고, 2대인 아버지는 다양한 탕을 도입하고 갤러리를 겸한 대기 공간을 만듦으로써 '사람들이 머무는 장소'를 만들었습니다. 그리고 지금의 3대인 유스케 씨는 반경 500m 정도의 지역 내에서 지역 정보를 발신하고 수신하는 '지역 교류의 장'으로 고스기유를 재정의하고 있습니다. 이러한 교류의 장이 되기 위해서 중요한 것은 사람들이 모이는 포인트를 늘리는 것입니다.

　정리해보겠습니다. 커뮤니티는 가만히 있는다고 저절로 되는 것이 아닙니다. 그렇다고 억지로 만든다고 커지는 것도 아닙니다. 히라마츠 씨는 '꾸준히 점을 계속 찍는 것'의 중요성을 얘기합니다. 그 점에 사람들이 모이고, 모인 사람들이 교류하며, 자연스레 커뮤니티를 만들어 나가는 것은 고스기유가 존속할 수 있는 힘이 됩니다.

　　2부 — 도쿄의 공간 개발, 직접 가본 핫 플레이스

4
완공까지 34년 걸렸다.
도쿄의 격을 높이는 아자부다이 힐즈

도쿄 재개발 중에서도 개장 전부터 가장 화제를 모은 곳은 단연 '아자부다이 힐즈'(Azabudai Hills)입니다. 아자부다이 힐즈는 '역대급 부동산 재개발'이라는 평가를 받고 있습니다. 일본의 부동산 재개발 회사 모리빌딩이 6조 원이 넘는 건설 비용을 조달했다는 점, 기획부터 준공까지 무려 34년이 걸렸다는 점, 그리고 명소를 넘어 도쿄 경쟁력을 끌어올리는 기폭제가 되겠다고 공언한 점에서 주목할 만합니다. 2023년 11월 드디어 도쿄의 초고층 복합단지 아자부다이 힐즈가 베일을 벗고 우리 앞에 나타났습니다.

도쿄에서 가장 높은 빌딩 안에 들어선 콤팩트 시티

롯폰기 힐즈와 도라노몬 힐즈를 만든 부동산 재개발 회사인 모리빌딩의 또다른 걸작인 아자부다이 힐즈가 공개되던 날, 도쿄는 떠들썩했습니다. 아자부다이 힐즈는 모리빌딩이 무려

아자부다이 힐즈의 JP 타워는 현재(2025년 기준) 일본에서 가장 높은 빌딩이다.
ⓒmori.co.jp

6,400억 엔(약 6조 4,000억 원)의 공사비를 들여 완성한 거대한 프로젝트입니다. 십자 모양의 부지에 네 개 동이 들어서 있으며, 그 중 핵심 빌딩인 모리 JP 타워는 지상 64층의 높이 330m로 2025년 11월 현재, '일본에서 가장 높은 빌딩'입니다.

서울 롯데월드타워(555m)와 같은 마천루를 다수 보유한 한국으로서는 330m의 높이가 그다지 높아 보이지 않을 수 있지만, 모리 JP 타워는 지진이 매우 잦은 일본에서 가장 진보된 내진 설계 기술을 적용한 초고층 건물이라는 점에서 의미가 큽니다.

아자부다이 힐즈는 모리빌딩의 철학인 주거와 일, 문화 생활, 쇼핑과 여가를 모두 인근에서 해결한다는 '콤팩트 시티'(Compact City) 개념을 구체화했습니다. 콤팩트 시티란 말 그대로 도시 기능을 좁은 범위 안에 밀도 있게 모아, 효율성과 지속 가능성을 동시에 확보하려는 도시 설계 전략입니다. 인구 감소와 고령화, 기후변화 대응, 탄소 배출 저감과 같은 도시 문제에 대응할 수 있는 해법으로 제시되어 왔습니다.

     2부 — 도쿄의 공간 개발, 직접 가본 핫 플레이스

도쿄 한복판, 특히 고저 차가 심하고 건축적 제약이 많던 부지를 활용해 초고층 오피스, 고급 주거, 국제학교, 병원, 상업 및 문화 시설 등을 단지 하나 안에 통합했습니다. 오피스와 상업 시설뿐만 아니라 국제학교(더 브리티쉬 스쿨 도쿄), 고급 레지던스(아만 레지던스 도쿄), 병원(게이오대학교 예방의료센터)에 이르기까지 도시의 다양한 기능을 한데 모았습니다. 사람들은 이곳에서 일하고, 살고, 배우고, 소비하고, 예술을 경험할 수 있습니다. 이동을 최소화하면서도 도시 생활의 거의 모든 기능을 충족하도록 설계된 것이 특징입니다.

밀도 있는 삶이 가능한 공간을 지향하는 콤팩트 시티에서는 사람 간의 접점이 늘면서 자연스럽게 커뮤니티가 만들어집니다. 동시에 에너지를 효율적으로 사용함으로써 환경에 대한 부담도 줄어듭니다. 이러한 콘셉트는 최근 많은 대도시가 직면한 문제인 기후 위기와 고령화에 대한 해결책으로 주목받고 있습니다. 즉 아자부다이 힐즈는 단순한 대형 복합 시설이 아니라, 미래 도시에 대한 실험인 동시에 도쿄 안에 작은 도시를 새로 만드는 프로젝트라 할 수 있습니다.

감정에 호소하는 건축을 구현하다

모리빌딩의 츠지 신고(辻 愼吾) 대표는 아자부다이 힐즈의 디자인에 큰 공을 들였다고 전합니다.

"도시는 50년, 100년 계속되는 것입니다. 좋은 평가를 받는 도시, 오랫동안 사랑받고 사람들이 찾아주는 도시를 만들고 싶

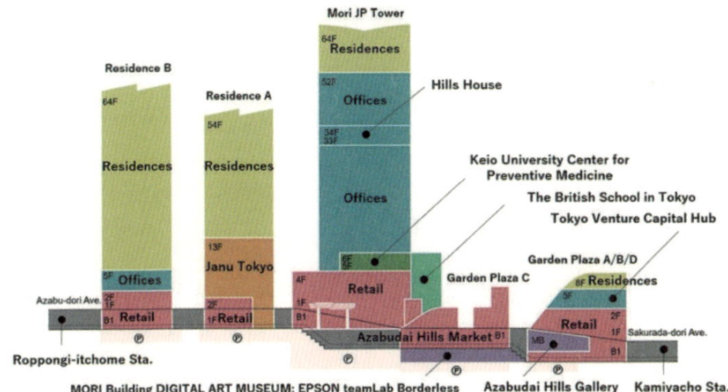

아자부다이 힐즈는 주거와 일, 문화생활, 쇼핑과 여가를 모두 한 곳에서 제공한다 ⓒmori.co.jp

었습니다. 이를 위해 디자인에 매우 집착하였고, 아자부다이 힐즈를 만들 때 실제로 많은 디자이너들을 참여시켰습니다. 해외 유명 디자이너들의 설계 사무소를 방문하여 그들의 강점을 알아가는 과정을 거듭하였고, 누구에게 어느 곳의 디자인을 맡길지 신중하게 결정하였습니다."

아자부다이 힐즈 디자인의 가장 큰 특징은 물결치는 모양의 저층 건물과 풍부한 녹색 경관입니다. 이를 디자인한 것은 영국의 디자이너 토마스 헤더윅(Thomas Heatherwick)입니다. 그는 미국 뉴욕의 수상 공원 리틀 아일랜드나 2010년 상하이 엑스포의 영국관 등으로 유명한 건축 디자이너입니다.

아자부다이 힐즈는 디자인 과정에서 메인 타워는 공모를 통해 진행했지만, 저층 건물은 공모 없이 바로 헤더윅 스튜디오에 직접 의뢰했습니다. 그렇게 한 이유는 모리빌딩이 가지고 있는 디자인 철학과 헤더윅의 철학이 일치했기 때문입니다. 헤더윅 스튜디오는 자연과 조화를 이루는 유기적인 디자인으로 유명한 곳입니다. 아자부다이 힐즈 또한 자연, 웰니스, 녹지와의 조화를 강조하고 있기에, 둘의 결합은 어찌 보면 당연했다고 할 수 있습니다.

헤더윅은 우선 아자부다이 힐즈를 디자인하면서 두 가지 생각을 담았습니다. 먼저 도쿄만의 디자인으로 만드는 것, 그리고 개개인의 배경과 관계없이 누구든 모이는 장소로 만드는 것입니다.

"아자부다이 힐즈는 도쿄라는 다양성이 넘치는 도시의 중심부, 게다가 고저차가 큰 특수한 부지에 초고층 오피스, 학교, 상업 시설, 문화 시설 등 다양한 건물을 집적시키는 계획입니다. 이에 모리빌딩과는 건물 이야기에 국한하지 않고, 도시 개발이나 커뮤니티 등과 관련한 논의도 거듭하였습니다. 그 결과로 전면에 내세운 것이 다양성을 내포한 '복잡성'(Complexity)입니다."(토마스 헤더윅 일본 방문 기자 회견 중)

헤더윅의 디자인에 관통하는 철학은 '감정에 호소하는 건축'입니다. 20세기 모더니즘 건축을 이끈 독일 출신의 건축가 미스 반 데어 로에가 주창한 'Less is more'(적을수록 풍요롭다)에 반기를 들고, '복잡성'을 건축 디자인에 도입해야 한다고 주장했습니다. 그는 저층 건물을 직선이 아닌 곡선으로, 표면은 평평하지 않고 거칠게 만들어 이를 표현했습니다.

"복잡성은 사람들의 감정에 호소합니다. 우리가 가고 싶어 하는 곳은 단순하지 않고, 복잡성을 가진 장소입니다. 우리 인간은 자연을 감상합니다. 물결치는 바다, 타오르는 불꽃, 흔들리는 나뭇가지. 그것은 자연이 끊임없이 형태를 바꾸는 무한한

세계적인 건축가 토마스 헤더윅이 디자인한 아자부다이 힐즈의 '넷 프레임'
ⓒ정희선

복잡성을 가지고 있습니다. 사랑받는 건축을 만들기 위한 방정식은 없습니다. 하지만 '감정에 호소하는 건축'을 만드는 것은 가능하다고 생각합니다. 이것은 아자부다이 힐즈에 국한되지 않고, 제 디자인을 관통하는 주제이기도 합니다." (토마스 헤더윅 일본 방문 기자 회견 중)

토마스 헤더윅이 아자부다이 힐즈의 디자인에서 실현하고자 했던 또 하나의 핵심 아이디어는 '넷 프레임'(Net Frame)이라는 구조의 방식입니다. 이 넷 프레임은 정사각형 그물망처럼 짜여진 구조입니다. 단순히 보기 좋게 만든 것이 아니라, 복잡한 지형에 맞게 건축을 효율적으로 설계할 수 있게 해줍니다.

아자부다이 힐즈 부지는 고저차(높낮이 차이)가 심한 지형이

　　　　2부 — 도쿄의 공간 개발, 직접 가본 핫 플레이스

기 때문에, 보통 건축 방식으로는 건물을 안정적으로 짓기가 어렵습니다. 그런데 이 넷 프레임 구조를 활용하면 복잡한 지형에서도 상업 시설 같은 공간을 효율적으로 배치할 수 있는 장점이 있습니다.

하지만 이런 독특한 구조를 실제로 만드는 과정은 결코 쉽지 않습니다. 철골 구조를 어떻게 안정적으로 만들지, 흙이 무너지지 않도록 어떻게 처리할지 등 여러 기술적인 고민이 필요하고 시공 과정도 매우 복잡합니다. 실제로 아자부다이 힐즈 공사 기간도 그런 이유로 꽤 늦어졌습니다. 코로나 팬데믹의 영향도 있었지만, 설계한 그대로를 실제로 구현하는 데 시간이 오래 걸렸습니다.

중앙 광장에서 즐기는 녹지와 예술

아자부다이 힐즈의 가장 큰 특징은 광활한 녹지입니다. 다른 복합단지와는 다르게 건물과 건물 사이에 넓은 녹지가 조성되어 있습니다. 그린 앤 웰니스를 기둥으로 하는 '모던 어반 빌리지'(Modern Urban Village)라는 콘셉트가 보여주듯 자연에 둘러싸인 환경을 차별점으로 내세웁니다.

실제로 부지 면적 8만 1,000m^2 중에서 약 30%에 해당하는 2만 4,000㎡(약 7,260평)가 녹지입니다. 대표적인 공간이 중앙 광장입니다. 십자가 형태로 이루어진 부지의 중심부에 자리잡고 있어, 어느 곳에서도 접근하기 좋으며 건물과 건물 사이를 이동할 때 누구나 이곳을 지나도록 설계했습니다.

약 6,000m² 넓이의 중앙 광장은 낮과 밤을 가리지 않고 누구든 편안하게 쉴 수 있는 공간입니다. 낮에는 녹색 식물과 꽃과 과일 나무를 가까이에서 볼 수 있고, 밤에는 조명이 켜진 석양을 즐길 수 있습니다. 다양한 조각 작품이 여기저기 흩어져 있어 이를 감상하는 재미도 쏠쏠합니다. 중앙 광장의 하이라이트는 원형 지붕을 엮은 듯한 아레나의 거대한 지붕 '더 클라우드'입니다. 이름 그대로 구름을 모티브로 한 디자인이 인상적입니다. 중앙 광장에 사람들이 모여 만들어지는 활기찬 분위기와 에너지를 표현했습니다.

모리빌딩은 2003년에 개업한 롯폰기 힐즈에서도 도쿄 도심 한복판에 자생적으로 자라는 녹지를 만든 것으로 유명합니

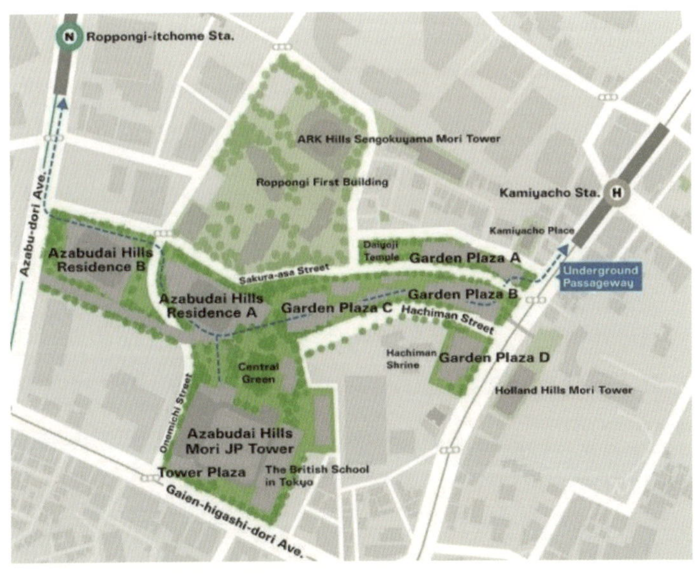

아자부다이 힐즈는 십자 형태 부지의 중앙을 녹지 광장으로 만들었다 ⓒmori.co.jp

아자부다이 힐즈는 부지의 약 30%를 녹지로 조성하였다.
©mori.co.jp

다. 실제로 롯폰기에서는 초등학생들이 와서 모내기 체험 학습을 할 정도였습니다. 이러한 경험을 살려 아자부다이 힐즈 내에도 과수원과 채소밭을 만들었습니다. 이미 자란 나무를 옮겨 심는 것이 아니라 부지 내에 나무들이 자연적으로 자생하도록 만든 점이 인상적입니다. 현재 귤나무를 포함한 300여 종의 나무가 자라고 있습니다.

건물을 초고층화하고 아래에 풍부한 녹지를 확보하는 '버티컬 가든 시티'(Vertical Garden City, 수직 정원 도시) 사상은 모리빌딩의 전 회장인 모리 미노루(森稔)가 제창했습니다. 그의 사상은 도쿄 한복판의 아크 힐즈(1986년), 롯폰기 힐즈(2003년), 도라노몬 힐즈(2014년), 그리고 아자부다이 힐즈(2023년)로 이어지며, 4곳에서 총 12만㎡나 되는 녹지를 만들었습니다.

아자부다이 힐즈의 그린 앤 웰니스 콘셉트는 코로나 19 팬데믹 이전에 이미 만들어졌습니다. 하지만 코로나 이후 주목을 받으면서 아자부다이 힐즈를 '미래형 도시'로 자리매김하는 데 크게 이바지했습니다.

국제도시의 조건, 오피스와 교육 인프라

아자부다이 힐즈는 국제적인 수준의 오피스 공간 만들기에도 힘을 쏟았습니다. 총 임대 면적은 약 21만 4,500m²에 달합니다. 약 2만 명이 근무하며, 메인 타워인 모리 JP 타워를 중심으로 레지던스 B와 저층부 가든 플라자 B까지 오피스가 분산 배치되어 있습니다. 도시(콤팩트 시티) 전체가 하나의 워크플레이스가 됩니다.

모리 JP 타워의 7층부터 52층까지는 오피스 공간으로 기준층 면적이 약 4,800m²에 이릅니다. 특히 33~34층에는 연면적 약 3,300m² 규모의 힐즈 하우스가 마련되어 있는데, 입주 기업 임직원들이 다양한 방식으로 일할 수 있는 업무 거점으로 활용됩니다. 이 공간에는 공용 워크스페이스와 개별 부스가 마련된 멤버스 라운지, 커뮤니케이션을 위한 대계단, 회의나 파티가 가능한 공간 등으로 구성되어 기존의 오피스와는 차별화된 업무 환경을 제공합니다.

스타트업 지원의 거점 역할도 강화하고 있습니다. 가든 플라자 지하 5층에 위치한 '도쿄 벤처 캐피털 허브'는 일본 최초의 대규모 벤처 캐피털 집적지로 약 70개사가 입주해 있습니다. 국제도시 간 경쟁에서 도쿄가 앞서기 위해 혁신 생태계를 조성하고, 입주하는 스타트업을 일본 경제의 성장 동력으로 삼

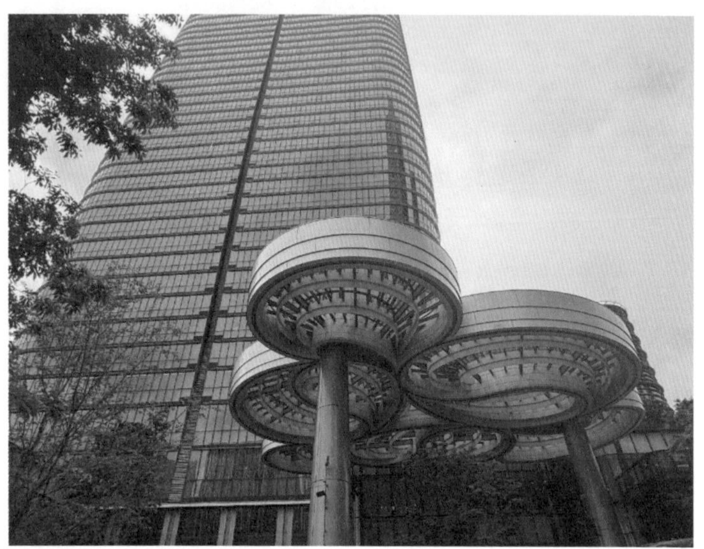

중앙 광장에서 아자부다이 힐즈로 들어가는 입구의 지붕 '더 클라우드' ⓒ정희선

는 것을 목표로 합니다. 이 허브는 도라노몬 힐즈 내 대기업 신사업 창출 허브인 아치(ARCH)와도 연계되어 운영됩니다.

또한 아자부다이 힐즈가 글로벌 차원에서 경쟁하기 위해 힘을 쏟은 시설 중 하나는 인터내셔널 스쿨입니다. '브리티시 스쿨 인 도쿄'(British School in Tokyo)의 아자부다이 힐즈 캠퍼스는 도심 최대 규모의 시설과 학생 수를 갖춘 국제 학교입니다. 도쿄에서 근무하는 외국인과 그 가족의 삶을 포괄적으로 지원하는 중요한 교육 인프라로 기능합니다.

학교는 지하 1층부터 지상 7층까지 사용하고 있으며, 60개국 이상 출신의 약 740명의 유아와 초등학생이 재학 중입니다. 교실을 자유롭게 구성할 수 있으며, 공용 학습 공간, 기술 스튜

아자부다이 힐즈 내 브리티시 스쿨 ⓒmori.co.jp

디오, 실내 수영장, 운동장 등 다양한 교육 시설을 갖추고 있습니다. "도심에 있으면서도 아이들이 자유롭게 배우고 활동할 수 있는 공간이 마련되었다"라며 학교는 캠퍼스 완성도에 대한 자부심을 드러내고 있습니다.

이처럼 아자부다이 힐즈의 모든 공간과 시설은 국제도시로서의 정체성을 강화하기 위해 기획되었습니다.

세계적 식문화와 예술을 발신하는 곳

도쿄에서 새롭게 조성되는 복합 빌딩에서 중요한 요소 중

    2부 — 도쿄의 공간 개발, 직접 가본 핫 플레이스

세계적인 수준의 식문화를 제공하는 아자부다이 힐즈 마켓 ©정희선

하나는 먹거리입니다. 도쿄에 없던 카페, 다른 지방에만 있던 레스토랑, 유명 셰프의 음식 등은 고객을 불러 모읍니다. 아자부다이 힐즈도 예외는 아닙니다.

지하 1층에 약 $4,000\,m^2$ 규모로 조성된 '아자부다이 힐즈 마켓'에는 일본 전역을 넘어 세계 각국에서 엄선한 고급 식재료, 디저트, 베이커리, 반찬, 와인 등이 모여 있습니다. 운영실은 언론과의 인터뷰에서 "(아자부다이 힐즈가 들어선) 미나토구는 땅 값이 비싸고 백화점이 없지만, 소비자 조사를 해보니 이 지역 사람들은 음식에 돈을 많이 쓴다는 것을 알게되었습니다. 제대로 된 음식을 제대로 전달할 수 있는 가게를 만들기 위해 노력했습니다."라고 했습니다.

통상 복합 빌딩에 들어서는 대형 슈퍼마켓이나 식품점은 아웃소싱을 하는 것이 대부분입니다. 하지만 모리빌딩은 직접 입점할 가게 하나하나를 엄선하고 초청했습니다. 단지 주변 주민들을 만족시키는 것에 그치지 않고, 아자부다이힐즈 마켓을 세계적인 수준의 식문화를 발신하는 곳으로 만드는 것을 목표로 했습니다.

대표적인 곳으로 '야마유키'(やま幸, Yamayuki)가 있습니다. 미슐랭 스타 스시집에 참치를 납품하는 도매상으로 일본에서 유명한 곳입니다. 여태까지 한 번도 일반 소비자들과 만나는 소매 매장을 연 적이 없습니다. 그런데 아자부다이 힐즈에 처음으로 소매 점포를 열었습니다. 모리빌딩은 야마유키를 유치하기 위해 오랜 기간 공을 들였다고 합니다.

마켓뿐만이 아닙니다. 아자부다이 힐즈 내에는 새로운 경험을 제공하는 미식 매장들이 가득합니다. 고급 초콜릿 브랜드 '미니멀'(Minimal) 초콜릿은 카카오와 초콜릿을 주제로 한 코스 다이닝을 경험할 수 있습니다. 미니멀은 이름이 의미하는 대로 불필요한 것을 덜어내고 초콜릿의 원재료인 카카오 본연의 맛을 극대화한다는 철학 아래, 일본식 초콜릿 문화를 전 세계에 알리는 브랜드입니다. 그리고 세계 각지에서 엄선한 원료로 만든 초콜릿과 이에 어울리는 와인, 사케 등을 페어링하는 체험을 제공합니다. 아자부다이 힐즈점은 그중에서도 특별한 경험과 한정 제품을 만날 수 있는 곳으로 운영하고 있습니다.

모리빌딩은 아트 분야에 힘을 쏟는 것으로도 유명합니다. 롯폰기 힐즈에서 모리 미술관을 운영하듯 아자부다이 힐즈에서도 예술은 빠질 수 없는 테마입니다. 이를 위해 도쿄를 넘어 전 세계에서 활약하는 디지털 아트 그룹인 '팀랩'(teamLab)의 전용 전시장을 유치했습니다. 도쿄 도요스에 위치한 팀랩 전시장은 오프라인 공간과 디지털 아트를 결합해, 전시 개관 1년 만에

　　　　　2부 — 도쿄의 공간 개발, 직접 가본 핫 플레이스

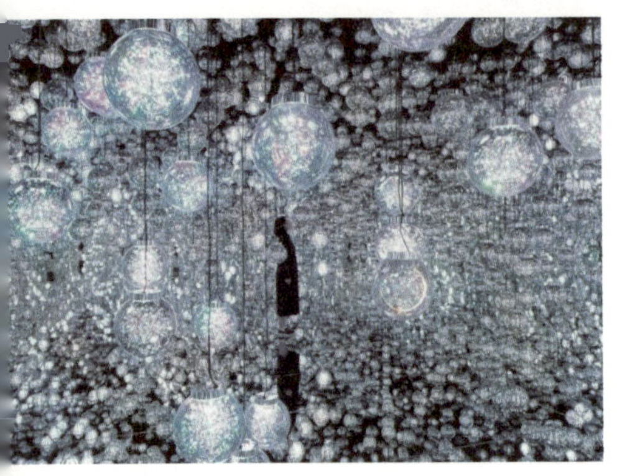

아자부다이 힐즈 팀랩
보더리스의 버블 유니버스 작품 @teamLab

약 230만 명을 동원한 기록으로 기네스북에 등재될 만큼 세계적인 인기를 끌었습니다. 그리고 2024년 2월 초 새로운 전시인 '팀랩 보더리스'(teamLab Borderless)를 아자부다이 힐즈 내에 오픈했습니다. 대표적인 작품은 버블 유니버스(Bubble Universe)입니다. 거울로 둘러싸인 공간에 다수 매달린 구체(球体)에 사람이 다가가면 강하게 빛을 내며, 그 빛은 음색과 함께 다른 구체들로 전파됩니다.

일반적으로 엔터테인먼트 시설이라면 영화관 등을 생각하기 쉽지만 아자부다이 힐즈는 최첨단 디지털 콘텐츠를 유치함으로써 다른 복합 시설과 차별화를 꾀했습니다. 특히 아자부다이 힐즈는 해외 여행객이 많이 방문하는 도쿄타워와 가깝기에 팀랩 전시가 관광객들의 집객에 기여할 것으로 보고 있습니다.

30년이 넘게 걸린 설득, 주민을 배려한 재개발

아자부다이 힐즈는 1989년 재개발 추진을 위한 '마을 만들기 협의회'(街づくり協議会設立)가 설립된 후 무려 34년이 지나서

개발 전 아자부다이 모습.
경사와 좁은 골목이 많아 도로 정비도 중요한 재개발 과제였다. ⓒmori.co.jp

그 모습을 드러냈습니다. 이 지역에 오랫동안 살던 300여 가구를 설득하는 과정이 만만치 않았기 때문입니다.

일본에서는 토지 소유자의 3분의 2가 동의하면 재개발을 추진할 수 있지만, 모리빌딩은 90%의 동의를 받기 위해 오랜 시간 수고를 감내했습니다. 협의회가 집마다 방문해 설득하는 데 걸린 시간만 14년. 마침내 주민의 90%에 달하는 270가구가 재개발에 동참했습니다. 결과적으로 협의회 설립부터 땅 소유자와의 협의 및 계획, 투자, 설계를 거쳐 완공까지 34년이 걸렸습니다. 이에 대해 모리빌딩은 '지역 주민과 함께 마을을 만들어 간다'는 철학 때문이라고 말합니다.

재개발이 시작된 후 모리빌딩이 신경 쓴 것 중 하나는 도로 정비입니다. 아자부다이 힐즈가 들어선 곳은 도로가 좁고 '힐즈'라는 이름에서 유추할 수 있듯이 경사가 많은 곳입니다. 이

2부 — 도쿄의 공간 개발, 직접 가본 핫 플레이스

런 곳은 지진 및 재해에 취약합니다. 주민들 사이에서도 도로를 넓히고 정비할 필요가 있다는 목소리가 높았습니다. 이에 따라 모리빌딩은 카미야초 역에서 롯폰기잇초메 역으로 이어지는 도로를 넓히며 정비를 단행했습니다.

또한 중심 도로와 별개로 아자부다이 힐즈 뒤편에 도로를 만들어 주차장을 전부 이곳으로 넣었습니다. 이에 따라 역과 역을 잇는 도로에는 자동차가 주차를 위해 멈추거나 화물 트럭이 다니는 일이 없도록 설계했습니다. 자동차의 흐름에 방해받지 않고 사람들이 걸을 수 있는 도로를 만든 것입니다. 그뿐만 아니라 재해 발생 시 3,600명이 대피할 수 있는 공간을 제공하는 것도 약속하는 등 기존 주민의 안전에도 신경을 많이 썼습니다.

도쿄의 국제 경쟁력을 높이다

모리빌딩은 아자부다이 힐즈로 도쿄의 국제 경쟁력을 높일 수 있다고 말합니다. 실제로 도쿄는 도시 규모에 비해 외국인들을 위한 고급 호텔, 고급 레지던스, 문화 시설, 해외 부유층들을 위한 교육 시설과 의료 기관 등이 부족하다는 평가를 받고 있습니다. 아자부다이 힐즈 내 국제 학교를 유치한 이유도 해외의 고급 인재들로부터 선택받는 도시가 되기 위함입니다.

츠지 신고 모리빌딩 대표는 "글로벌 기업의 아시아 헤드쿼터가 모이는 마을로 만들고 싶다. 이들은 단지 좋은 오피스가 있는 것만으로 만족하지 않는다. 이들은 아이들과 함께, 가족이 모두 즐길 수 있는 문화시설을 중요하게 생각한다."라고 조선

아자부다이 힐즈 내 모리 빌딩 어반 랩에서는 모형과 프로젝션 맵핑을 활용해
도쿄를 홍보한다. ⓒmori.co.jp

일보와의 인터뷰에서 밝힌 적이 있습니다.

그리고 모리빌딩은 아자부다이 힐즈 내 '모리 빌딩 어반 랩'(Mori Building Urban Lab)를 만들었는데요. 도쿄를 1,000분의 1로 만든 모형이 설치되어 있으며, 프로젝션 맵핑을 입혀 도쿄를 안내하는 역할을 합니다. 세계적인 정치인과 경제인이 도쿄를 방문했을 때 도시를 홍보하는 장소로 활약할 예정입니다.

츠지 신고 대표는 "도쿄는 현재 런던, 뉴욕에 이은 도시 경쟁력 3위로 평가되지만, 1위로 올라설 것"이라며 "국가로 경쟁해서는 일본이 미국을 넘어서는 건 무리지만, 도쿄는 뉴욕을 누르고 세계인이 가장 살고 싶은 도시가 될 수 있다"라고 말했습니다.

그의 말처럼 아자부다이 힐즈는 도쿄를 세계 도시 경쟁력 1위로 끌어 올리는 기폭제가 될 수 있을까요? 아직 그 판단을 내리기에는 이르지만 아자부다이 힐즈가 도시 재개발을 계획하는 많은 나라에 영감을 줄 것임은 틀림없어 보입니다.

　　　　　2부 — 도쿄의 공간 개발, 직접 가본 핫 플레이스

5
도로 위에 올린 글로벌 비즈니스 허브, 도라노몬 힐즈

2025년 4월, 일본에서 손꼽히는 부촌인 도쿄도 미나토구에 있는 도라노몬 힐즈의 새 시설 '글래스 록'이 공개되었습니다.

도라노몬 힐즈는 일본의 부동산 회사 모리빌딩이 2014년 모리 타워의 개장을 시작으로 10년이라는 긴 세월 동안 약 7조 원의 사업비를 들인 장기 재개발 프로젝트입니다. 특히 글래스 록은 작은 시설이지만, 도라노몬 힐즈 프로젝트의 완성을 알리는 상징적인 의미를 지닙니다.

모리빌딩은 인근의 롯폰기 힐즈, 아자부다이 힐즈와 함께 도라노몬 힐즈까지 더해 '3대 힐즈' 시리즈를 보유하고 있습니다. 각각의 자신의 개성을 유지하면서도 시너지를 내도록 기획되었습니다. 도라노몬 힐즈와 3대 힐즈 시리즈에 담긴 모리빌딩의 전략을 살펴보겠습니다.

2025년 글래스 록의 공개와 함께 도라노몬 힐즈 프로젝트가 완성되었다.
©mori.co.jp

도로 위에 초고층 빌딩을 올리다, 도라노몬 힐즈

도쿄의 도라노몬 힐즈는 대형 상업 시설인 롯폰기 힐즈, 아자부다이 힐즈를 만들고 운영하는 것으로 유명한 모리빌딩이 주도한 대규모 도시 재생 프로젝트입니다. 도심 한복판임에도 오래된 골목과 낙후된 주거지가 밀집해 있던 도라노몬 지역에 주목해, 입지의 잠재력을 살려 본격적인 재개발에 착수했습니다.

2002년 시작된 개발은 민관 합동 개발의 대표적인 사례로 꼽힙니다. 1946년부터 개발 계획은 존재했지만, 일부 토지 소유주의 동의를 얻지 못해 무려 50여 년간 도로를 만들지 못하던 지역이었습니다. 모리빌딩은 해당 부지 소유자들의 동의를 얻

    2부 — 도쿄의 공간 개발, 직접 가본 핫 플레이스

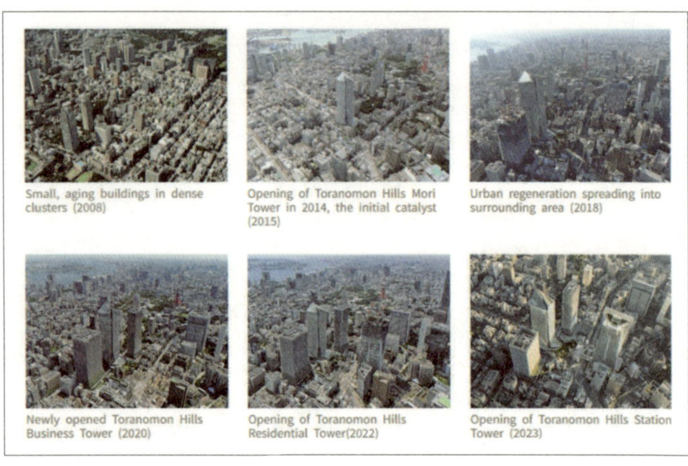

2000년대 초반부터 도라노몬 힐즈의 재개발이 시작되었다. ⓒmori.co.jp

고, 설계와 건설을 주도하는 조건으로 전체 사업 지분의 87%를 확보하며 본격적인 개발을 추진하게 되었습니다.

흥미로운 점은 도라노몬 힐즈가 도로 예정지 위에 건설됐다는 사실입니다. 모리빌딩은 도쿄도로부터 도로 건설 예정지인 1만 7,068㎡ 규모의 땅을 받았는데, 지상이 아닌 지하에 도로를 내고 그 위에다 52층, 247m 높이에 달하는 건물을 지었습니다. 2011년 착공을 시작해 약 15년에 걸친 긴 여정이었습니다. 공사비만 해도 약 7천억 엔(한화 약 7조 원)으로, 도쿄에서 큰 화제를 부른 아자부다이 힐즈의 공사비 6천4백억 엔을 웃돌았습니다.

도라노몬 지역이 개발되는 데는 모리빌딩의 노력뿐만이 아니라 일본 정부의 규제 완화도 큰 역할을 했습니다. 기존 도로 위에 건축을 허용하는 '입체도로 제도'를 도입하며, 지하에 도로를 깔고 지상에 건축물을 올릴 수 있도록 허용했기 때문입니다.

도쿄 도심과 외곽을 연결하는 왕복 4차선 간선도로를 지하로 내리고 지상에 초고층 복합 건물을 세우는 방식은 일본 내에서도 도심 개발의 전환점이 되었다는 평가를 받습니다. 또한 도쿄 지하철 히비야선 개통 56년 만에 처음으로 신규 역인 도라노몬 힐즈역을 신설하는 계기를 만들기도 했습니다.

도라노몬 힐즈는 모리 타워, 비즈니스 타워, 레지던셜 타워, 스테이션 타워 등 크게 4개의 주요 건물로 구성되어 있습니다. 건물과 건물을 사이에는 보행 데크를 설치해 단지를 하나의 유기적인 공간으로 연결했습니다. 이 단지는 업무, 주거, 상업, 문화, 의료, 교육 기능이 집약된 '도심 속 도시'를 표방합니다.

건물별로 하나씩 살펴보겠습니다.

첫 번째, '모리 타워'입니다. 도라노몬 힐즈에서 가장 먼저 개장한 첫 번째 건물로 지상 52층, 지하 5층 규모입니다. 오피스, 레지던스, 상업 시설 등이 입주해 있으며, 럭셔리 라이프스타일 호텔 안다즈(Andaz)가 일본 최초로 이곳에 들어섰습니다. 1층부터 4층까지는 30여 개의 식음료 매장이 운영 중입니다.

두 번째, '비즈니스 타워'는 2020년에 개장한 오피스 중심 빌딩으로, 총 임대 면적은 약 30만m^2에 달합니다. 도쿄의 관공서가 모인 가스미가세키, 대사관이 밀집한 아카사카, 외국계 기업이 모여 있는 롯폰기 등 인근 오피스 지역에서 모두 10분 이내로 도착할 수 있어 입지 경쟁력이 뛰어납니다. 3층에는 다이닝 스트리트 '도라노몬 요코초'가 조성되어 있어 퇴근 후 유동 인구를 도라노몬으로 유입시키는 역할을 하고 있습니다.

세 번째, '레지던셜 타워'는 2022년에 완공된 고급 주거동

    2부 — 도쿄의 공간 개발, 직접 가본 핫 플레이스

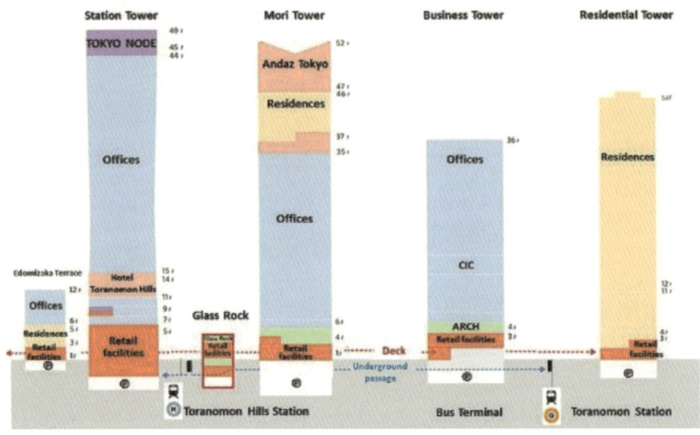

도라노몬 힐즈는 4개의 빌딩으로 구성되어 있다. ©mori.co.jp

으로 레지던스 172가구가 있습니다. 전용 면적은 45m^2에서 240m^2까지 다양한데 월 임대료가 55만~292만 엔(약 3,000만 원) 정도로 도쿄 최고의 분양가임에도 싱가포르, 홍콩, 미국 등 해외 투자자들 중심으로 큰 인기를 끌었습니다.

네 번째, '스테이션 타워'는 2023년 10월에 개장했으며 도쿄 지하철 히비야선 도라노몬 힐즈역과 직결됩니다. 높이 266m, 지하 4층~지상 49층 규모로 도라노몬 힐즈 중에서 가장 높은 빌딩입니다. 상업 시설과 오피스, 호텔 외에 고층부에 인피니트풀과 갤러리 및 이벤트 공간인 도쿄 노드가 자리하고 있습니다.

마지막으로, 2025년 4월 공개된 '글래스 록'은 회원제 교류 공간으로 비록 규모는 작지만 도라노몬 힐즈에 유동 인구를 모으는 역할을 할 것으로 기대하고 있습니다. 관공서, 기업, NPO 등이 모여 지식을 공유하고 사회 문제 해결을 위해 고민하는 공간으로 업무 공간과 전시장, 바 등이 마련되어 있으며, 창업가 및 전문가와의 교류 프로그램과 다양한 이벤트가 운영됩니다. 이용료는 법인 기준 월 33만 엔(330만 원), 개인은 월 1만 1,000엔(11만 원)으로 현재 10여 개 기업이 이미 입주해 있습니다. 향후 100개 기업의 약 1,000명의 회원을 모집하는 것이 목표입니다.

도라노몬 힐즈에는 대기업의 신규 사업 개발을 지원하는 거점인 '아치'(ARCH)도 2020년부터 운영 중입니다. 현재 약 120개사, 1,000명이 참여하고 있으며, 힐즈 시리즈 전체를 하나의 혁신 클러스터로 만들기 위한 거점 역할을 수행하고 있습니다.

도쿄의 새로운 명소가 되다, 스테이션 타워의 핫플들

도라노몬 힐즈의 여러 공간 중에서도 스테이션 타워가 큰 화제를 불러일으켰는데요, 최고층인 49층에 있는 인피니티풀과 갤러리 및 이벤트 공간인 '도쿄 노드'(Tokyo Node)가 스테이션 타워의 차별화 포인트입니다.

이름에서 노드는 결절점을 의미하지만, 명칭만으로는 어떤 시설인지 상상하기 어렵습니다. 약 1만m^2 넓이를 차지하며 스테이션 타워의 최고 입지라 할 수 있는 지상 45층부터 49층에 걸쳐 자리 잡고 있습니다. 갤러리, 홀, 레스토랑, 카페 그리고 옥상 정원 등으로 구성되어 있습니다.

스테이션 타워의 건축 디자인을 담당한 네덜란드의 건축 설계 사무소 OMA는 도쿄에 즐비한 오피스 빌딩 중 하나로 전락할지도 모를 타워를 차별화시키기 위해 모리빌딩에 다음과 같은 아이디어를 제안했습니다.

"스테이션 타워는 역 직결 초고층 빌딩이라는 명확한 강점이 있지만, 오피스 기능만 있다면 여기서 일하는 테넌트 기업 직원 외에는 방문할 기회가 거의 없습니다. 그렇기에 고층부에는 '도쿄에 오면 꼭 방문하고 싶어지는, 이곳에서만 경험할 수 있는 이벤트가 매일 열리는 시설이 필요합니다."

이러한 아이디어의 결과물이 바로 도쿄 노드입니다.

가장 먼저 화제가 된 것은 지상 250m에 있는 루프탑 인피니티 풀입니다. 어떠한 울타리나 창문에 가려지지 않고서 황궁 방향으로 탁 트인 수영장에서는 도쿄의 전경이 눈앞에 펼쳐집니다. 그런데 호텔도 없는 초고층 빌딩에 왜 수영장이 들어선 것일까요? OMA의 쇼헤이 파트너는 '메모러블'(Memorable)이라는 단어를 사용해서 설명합니다. 그는 당시 모리빌딩 사장으로 취임한 지 얼마 안 된 츠지 신고 대표에게 '메모러블한 체험'의 필요성을 설파했으며, 그 상징이 일본에서는 전례가 없는 초고층 옥상에 설치하는 인피니티 풀이었습니다.

초고층 꼭대기에 수영장을 설치하는 것은 위험과 비용 모두 큽니다. 실제로 옥상 수영장은 마지막까지도 많은 관계자들의 반대에 부딪혀 좌초될 뻔했습니다. 그럼에도 불구하고 실현

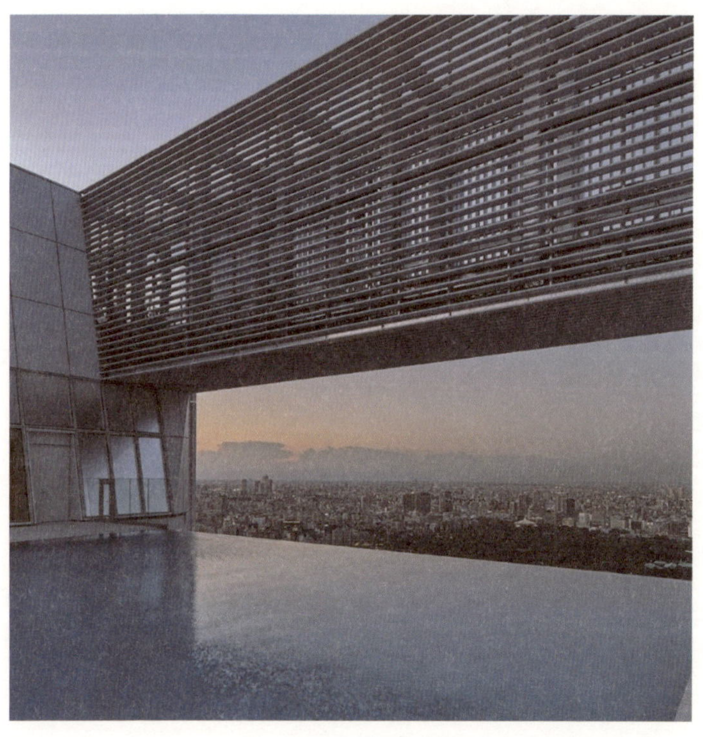

도라노몬 힐즈 스테이션 타워 고층부에 들어선 인피니트 풀. ⓒtokyonode

　　　　2부 — 도쿄의 공간 개발, 직접 가본 핫 플레이스

된 옥상의 풀은 결과적으로 성공적이었습니다. 개업 전부터 '스테이션 타워 하면, 인피니티 풀'이라는 이미지가 형성되기 시작했습니다. 언론도 가장 먼저 수영장에 주목했습니다.

도쿄 노드에서 수영장과 함께 주목받는 또 다른 공간은 갤러리입니다. 수영장의 발상은 OMA에서 나왔지만, 갤러리는 모리빌딩이 고집한 공간입니다. 모리빌딩은 이미 롯폰기 힐즈 53층에 '하늘 위의 미술관, 모리 미술관'을 만든 경험이 있습니다.

갤러리는 전 세계적으로 사람들이 찾는 대표적인 문화 공간입니다. 갤러리가 들어서면 그 지역은 자연스럽게 방문하고 싶은 장소로 주목받게 됩니다. 도쿄 노드의 갤러리 공간은 총 3개(A, B, C)로, 각각 다양한 목적에 맞게 천장 높이와 면적을 조절할 수 있도록 설계했습니다. 각 갤러리는 크기와 특징이 조금씩 다릅니다. 그중에서도 갤러리 B에서는 압도적인 퍼포먼스가 가능합니다. 평범한 칸막이 대신 컴퓨터로 제어가 가능한 8개의 '움직이는 벽'이 설치되어 있는데, 이 벽은 공간을 완만하게 구분하는 가림막이 되기도 하고 영상을 비추는 스크린의 역할을 하기도 합니다.

모리빌딩은 개업과 동시에 도쿄 노드에서만 경험할 수 있는 기획도 준비했습니다. 총 $1,500\,m^2$에 달하는 갤러리 공간에서 최신 기술과 실제 무용수의 퍼포먼스를 융합한 공연을 한 달 이상 개최하며 화제를 불러 모았습니다.

46층에는 $460\,m^2$ 크기의 도쿄 노드 홀(TOKYO NODE HALL)이 있습니다. 단상과 대형 스크린, 무대를 갖추고 있고 방음도 훌륭해 극장, 토크 이벤트, 음악 라이브에도 이용할 수 있는 다목적 홀입니다. 특히 스크린을 올리면 보이는 전면 유리창 너머로

스테이션 타워의 또 하나의 유명한 공간, 갤러리 ⓒtokyonode

황궁 방향의 풍경이 장관입니다.

모리빌딩은 "옥상 수영장보다도 음악 라이브가 가능한 홀을 고층부에 마련하는 것이 더 어려웠다"라고 털어 놓았습니다. 일반적으로 음악 공연이 가능한 홀은 소음 유출을 줄이기 위해 지하에 설치하거나 혹은 이벤트 시작 전의 엘리베이터 혼잡을 피하고자 저층부에 설치하는 경우가 많습니다. 고층부에 있는 시설은 사람과 물건이 이동하는데 시간과 비용이 많이 듭

     2부 ─ 도쿄의 공간 개발, 직접 가본 핫 플레이스

황궁 뷰로 화제를 모은 다목적 홀, 도쿄 노드 홀 ⓒtokyonode

니다. 그런데도 "배경에 도쿄 풍경이 펼쳐지는 아이코닉한 무대에서 강연하고 싶다, 노래 부르고 싶다, 신제품 발표회를 하고 싶다"는 요청을 실현하기 위해 노력했다고 합니다. 이러한 예상은 적중하여 오픈하자마자 홀 이용 문의가 쇄도하고 있습니다.

전 세대를 아우르는 식문화 공간, 티마켓과 요코초

스테이션 타워 지하 2층에는 '티 마켓'(T-MARKET)이라는 식문화 공간이 들어서 있습니다. 약 900평 규모의 중정형 공간에 개성있는 식음료 브랜드 27곳이 입점해 있습니다.

이곳에 입점한 브랜드는 도쿄 어디에서나 맛볼 수 있는 일반적인 브랜드가 아닙니다. 미슐랭 원 스타의 명성을 자랑하는 아카사카 오기노가 선보이는 일본식 디저트 브랜드 아카사카 오기노 와칸, 빕 구르망에 선정된 셰프 니시 쿄헤이가 이끄는 새로운 형태의 이자카야 유케 등 독창적이고 실험적인 브랜드들만 볼 수 있습니다.

공간 중심부에는 약 140석 규모의 공용 좌석 공간인 티 마켓 퍼블릭 테이블이 있습니다. 이용자는 각 매장의 다양한 메뉴를 자유롭게 주문할 수 있어 마치 하나의 대형 레스토랑에서 여러 셰프의 요리를 경험하는 듯한 새로운 형태의 다이닝을 즐길 수 있습니다.

티 마켓도 좋지만 독자 여러분이 꼭 한 번 방문해 보기를 추천하는 먹거리 장소가 비즈니스 타워 내에 있습니다. 바로 도쿄 전역의 유명 맛집 26개 점포가 입점해 있는 '도라노몬 요코초'(虎ノ門横丁)입니다. 요코초에 대해서는 이미 앞에서 설명한 바 있습니다. 좁은 골목길에 빽빽이 들어선 작은 술집 안에서 손님들이 옹기종기 모여 앉아 술을 마시는 특유의 정취와 분위기로 외국인 관광객 사이에서도 인기가 많습니다.

원래 요코초는 중년의 샐러리맨들이 주로 가는 장소라는 이미지가 강했습니다. 그런데 최근에는 요코초가 현대적으로

     2부 — 도쿄의 공간 개발, 직접 가본 핫 플레이스

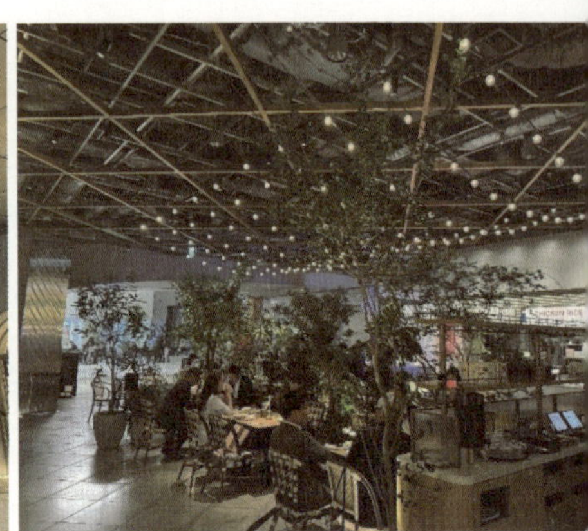

스테이션 타워 지하에 들어선 식문화 공간, 티 마켓 ⓒ정희선

재해석되며 더 넓은 고객층을 불러 모으고 있습니다. 도라노몬 요코초는 다른 요코초보다 세련된 인테리어에 근처 외국계 기업과 대기업에서 근무하는 직장인들의 취향에 맞춘 분위기를 자랑합니다. 실제로 금요일 저녁에는 깔끔한 정장을 입은 직장인들로 가득 차고, 주말에는 젊은 세대로 북적입니다.

도라노몬 지역은 오피스 빌딩이 즐비한 곳인데, 왜 요코초를 만든 것일까요? 도라노몬 힐즈를 개발 및 운영하는 모리빌딩의 관계자는 "상업적 입지로 인식되지 않았기 때문에 무언가에 특화된 전략이 필요했다. 그래서 음식에 눈을 돌렸다."라고 말했습니다.

2014년 개장한 도라노몬 힐즈의 모리 타워 내 상업 시설은 야간 집객에 어려움을 겪었습니다. 오피스 거리이기 때문에 점심은 호황을 누리지만, 저녁 시간대와 주말에는 손님이 적었습니다. 이를 개선하는 방안으로 내세운 것이 도라노몬 요코초입

도라노몬 힐즈 비즈니스 타워에 들어선 도라노몬 요코초는
근처 직장인들로 북적인다. ⓒtoranomonhills

니다.

　다른 곳에 점포를 연 적이 없는 도쿄의 노포와 인기 가게들이 이곳에 문을 열자, 도라노몬 힐즈는 술을 마시러 일부러 찾아오는 곳이 되었습니다. 또한 본점에서는 코스 요리만 제공하던 가게가 이곳에서는 단품을 주문할 수 있도록 하는 등 방문객들이 꼭 와야만 하는 이유를 만들기 위해 여러가지를 신경썼습니다.

편의점과 의류 브랜드의 이색 협업, 어반 파미마

도라노몬 힐즈 비즈니스 타워 내에는 일반 편의점과는 조금 다른 색다른 형태의 편의점이 존재합니다. 일본 의류 브랜드인 어반 리서치와 일본의 3대 편의점 중 하나인 패밀리마트가 협업한 새로운 형태의 점포인 '어반 파미마'(アーバン・ファミマ)가 그 주인공입니다. 어패럴과 편의점이라는 흔치 않은 협업은 어떻게 탄생하게 된 것이며 이들의 목적은 무엇일까요?

어반 리서치의 관계자는 편의점과의 협업을 이렇게 설명했습니다.

"패션 업계는 소비자와 접하는 터치 포인트가 점점 적어지고 있습니다. 이번 협업을 통해 터치 포인트를 넓히고 싶었습니다. 다양한 고객이 방문하는 편의점과 협업함으로써 브랜드를 접하는 기회를 늘리려는 것이 목적입니다."

실제로 일본 어패럴 업계의 상황은 쉽지 않습니다. 2013년 이후 일본 의류 소매 시장 규모는 9조 엔 정도로 정체되어 있습니다. 가계 소비 중에서 의류가 차지하는 금액 또한 줄어들었습니다. 편의점 업계 또한 장밋빛은 아닙니다. 1인 가구의 증가와 함께 유통 채널 중 가장 빠른 성장률을 보이던 일본 편의점이 정점을 찍고 포화 상태로 접어들었기 때문입니다.

의류 업계는 소비자와의 접점을 늘리고 싶어하고, 편의점 역시 고객의 방문을 늘릴 필요가 있는 상황에서 두 업계는 협업을 통해 이런 보완이 가능하다고 보았습니다. 특히 주말에는 사람이 거의 없는 오피스 빌딩 내의 편의점에서 의류를 판매함으로써 주말에도 방문하는 매장이 될 수 있을 것으로 기대했습

어반 파미마는 의류 브랜드와 편의점의 협업이라는 독특한 콘셉을 가진 곳이다.
ⓒ도라노몬 힐즈

니다.

어반 리서치는 원래 20~30대를 주요 타깃으로 남성복, 여성복, 잡화 등을 제작, 판매, 큐레이션하는 라이프스타일 브랜드입니다. 편의점 내에 옷이 진열된다면, 브랜드 이미지가 훼손될 우려도 있습니다만, 어반 파미마의 편의점은 기존의 편의점

　　　2부 — 도쿄의 공간 개발, 직접 가본 핫 플레이스

과는 다른 공간 설계로 이러한 우려를 없앴습니다.

두 점포가 한 장소에 뒤섞여 있는 것이 아니라, 편의점 섹션과 어패럴 섹션으로 자연스럽게 분리하고, 그 사이에 테이블을 두었습니다. 이는 식사가 가능한 공간인 '잇인 스페이스'(Eat-in Space)로 자칫 이질감이 느껴질 수 있는 두 공간을 자연스럽게 분리하는 역할을 합니다. 최근 일본의 편의점들은 이러한 잇인 스페이스를 늘리는 추세입니다.

일반적으로 잇인 스페이스는 좌석 수가 많지 않고 패스트푸드 매장 같은 분위기라 빨리 먹고 일어나야 한다는 느낌이 강하지만, 이곳은 마치 카페와 비슷합니다. 좌석 수가 38석으로 넉넉할 뿐만 아니라, 각 좌석마다 콘센트를 설치하고 무료 와이파이를 제공하고 있습니다. 음악도 카페와 같은 분위기를 연출하는데 한몫하고 있습니다. 실제로 방문했을 때, 잇인 스페이스를 이용하는 사람의 반 이상은 업무를 하거나 회의 중이었습니다.

또 한 가지 눈여겨볼 만한 점은 편의점과 어반 리서치의 상품 구성입니다. 어반 리서치의 의류들은 도라노몬 힐즈 주변의 직장인을 타깃으로 단정하면서도 세련된 오피스 룩을 중심으로 진열해 놓았으며, 최근 인기 있는 해외 브랜드 의류와 액세서리도 잘 편집해 두었습니다. 그리고 패밀리마트는 일반적인 편의점에서는 보기 힘든 선물 세트, 특히 전통 스낵 등과 같은 일본을 대표하는 선물 세트를 많이 구비해 놓았는데, 주변에 있는 외국계 기업을 겨냥한 것입니다.

최근 오프라인 매장의 가장 큰 과제는 '집객'과 '체류'로 귀결됩니다. 어떻게 하면 한 명이라도 더 점포를 방문하게 할 것이며, 방문한 고객을 어떻게 오래 머무르게 할 것인가에 대해 고민할 수밖에 없습니다. 편의점과 의류 브랜드의 협업은 이러한 오프라인 공간의 고민을 해결하기 위한 하나의 시도입니다.

힐즈 시리즈 내에서의 시너지 창출이 관건

도라노몬 힐즈는 인접한 롯폰기 힐즈와 아자부다이 힐즈와는 뚜렷하게 다른 개발 철학을 갖고 있습니다. 롯폰기 힐즈가 예술과 문화 중심지로, 아자부다이 힐즈가 고급 주거와 라이프스타일 중심으로 기획되었다면, 도라노몬 힐즈는 관공서 밀집 지역이라는 입지를 살려 오피스 기능을 중심으로 개발되었습니다. 총 임대 면적 약 30만m^2로 힐즈 시리즈 중 최대 규모이며, 가스미가세키, 아카사카, 롯폰기 등 주요 비즈니스 지역과 인접해 있어 약 3만 명의 인구가 이곳에서 근무 중입니다. 현재 오피스 공간은 사실상 만실 상태입니다.

도쿄 도심의 오피스 수요는 여전히 견고하지만, 경쟁은 점점 치열해지고 있습니다. 2025년 3월, 도심 남측에 JR동일본의 복합 개발인 '다카나와 게이트웨이 시티'가 개장했는데, 이곳은 도라노몬 힐즈와 약 4km밖에 떨어져 있지 않습니다. 앞으로도 시나가와 주변이 재개발되면서 오피스 공급은 꾸준히 이어질 전망입니다. 도라노몬 힐즈는 이런 경쟁 속에서 차별화를 위해 힐즈 시리즈 간의 시너지 창출에 집중하고 있습니다.

모리빌딩은 "지금의 오피스는 단순한 업무 공간을 넘어, 기업 간 연계와 정보 수집이 가능한 환경을 제공해야 한다"고 강조합니다. 실제로 힐즈 시리즈의 이용 데이터를 기반으로 새로운 콘텐츠와 이벤트를 기획해, 롯폰기 힐즈에서 근무하는 이용자가 도라노몬 힐즈 행사에 참여하도록 유도하는 교차 유입 전략을 실행하고 있습니다. 그러나 이 같은 시도만으로는 충분하지 않다는 지적도 있습니다.

메이지대학교 이치카와 히로오(市川宏雄) 명예 교수는 "이업종 간 교류가 가능한 오피스의 부가가치는 글로벌한 흐름이며, 그 수요는 계속될 것"이라며, "각 힐즈의 개성을 유지하면서도 지역 간 회유를 촉진하는 전략이 요구된다"고 말했습니다.

모리빌딩은 단순한 복합 개발을 넘어, 도시 자체의 브랜드 가치를 끌어올리는 것을 목표로 삼고 있습니다. 뉴욕, 런던에 견줄 수 있는 '도쿄 브랜드'를 만들기 위해, 힐즈 프로젝트 전반에 콤팩트 시티 철학을 반영해 왔습니다.

롯폰기 힐즈가 문화, 상업, 오피스를 결합한 복합 개발의 시작이었다면, 도라노몬 힐즈는 비즈니스 허브로서 도쿄의 위상을 강화하는 역할을 하고, 마지막으로 아자부다이 힐즈는 앞선 두 힐즈의 기능에 더해 지속 가능성에 더욱 힘을 썼습니다.

모리빌딩의 힐즈 시리즈

모리빌딩은 1986년의 아크 힐즈를 시작으로 롯폰기 힐즈, 도라노몬 힐즈, 그리고 아자부다이 힐즈까지 이어지는 '힐즈' 시리즈를 통해 도쿄의 스카이라인을 바꾸고 있습니다. 이 중에서도 가장 최신 프로젝트인 도라노몬 힐즈와 아자부다이 힐즈를 중점적으로 소개해 드렸습니다.

마지막으로 츠지 신고 대표의 인터뷰 중 몇 구절을 통해 힐즈 시리즈가 무엇을 목표로 하는 것인지를 전해 드리고자 합니다. 이 인터뷰는 아자부다이 힐즈 개발을 끝낸 직후에 닛케이 크로스 테크(Nikkei X Tech)라는 잡지와 진행한 것입니다.

Q. 거대한 재개발은 도시에 미치는 영향도 크고, 사회적 책임도 크다고 할 수 있습니다.
A. 저희는 특히 그 책임을 느끼고 있습니다. 도시는 50년, 100년 계속되는 것이고, 이상한 도시를 만들면 쉽게 사라지지 않고 계속 남습니다. 평가받는 도시, 오랫동안 사랑받고 사람들이 찾아주는 도시를 만들고 싶습니다
Q. 아자부다이 힐즈는 마치 힐즈의 '집대성'과 같습니다만, 롯폰기 5초메 서쪽 지구를 포함하여, 앞으로의 개발에서는 무엇을 목표로 하십니까?
A. 저는 '미래형'이라고 말하려고 합니다. 다음 프로젝트는 사장이 누구든 진화를 계속하며 힐즈의 미래형이 되기를 바랍니다. 시대에 따라 새로운 기술과 디자인이 더해지더라도, 기반이 되는 조건 중 하나는 콤팩트하게 복합된 도시입니다. 주택, 호텔, 문화 시설, 녹지, 오피스가 모여 있는 장소에 사람과 돈 등이 몰립니다. 즉 '자력 있는 도시'(磁力のある街)가 됩니다(자력은 자석처럼 물체를 끌어당기는 힘을 말한다).
Q. 앞으로 도쿄가 자력을 강화하기 위해서는 무엇이 필요할까요?
A. 30년 전부터 도시와 도시의 싸움, 도시 간 경쟁의 시대라고 말해왔습니다. 이기지 못하면 어떻게 될까요? 도쿄는 세

계 속에서 지방 도시와 같은 취급을 받게 되고, 일본도 함께 침몰해 갈 것입니다. 글로벌 기업이나 글로벌 플레이어는 훌륭한 오피스만으로 도쿄를 선택하지 않습니다. 그들이 살 수 있는 주택과 아이를 키울 수 있는 교육 환경, 자극 받을 수 있는 문화 시설 등 종합적인 환경이 정비되어야 합니다. 어떻게 해야 도쿄에서 'GAFA'(구글, 아마존, 페이스북, 애플) 같은 스타트업 기업이 탄생할 수 있을까요? 도시 간 경쟁도 앞으로 5~10년 안에 승부가 날 것이라고 저는 생각합니다.

모리빌딩은 도시 재개발을 통해 도쿄의 경쟁력을 끌어올리고자 합니다. 뉴욕, 런던과 경쟁해도 뒤지지 않는 도쿄 브랜드를 만드는 것이 이들의 비전입니다. 그리고 도심에서 일하고 살고 즐긴다는 콤팩트 시티의 철학을 힐즈 프로젝트에 걸쳐서 실현해 왔습니다.

독자 여러분도 이들이 만든 '힐즈'를 전부 돌아보며, 단지 건물을 짓는 것이 아닌 도시를 디자인하는 모리빌딩의 저력을 느껴 보시기를 바랍니다.

6
주민의 바람을 실현하는 상냥한 개발,
시모키타자와

일본은 세계적으로 손꼽히는 철도 강국입니다. 오래전부터 철도는 여객 운송의 주요 교통 수단으로 자리 잡아 왔습니다. 흥미로운 점은 일본의 많은 철도 회사가 단순히 철도 운행에만 그치지 않고, 부동산 개발과 임대 사업에도 적극적으로 나선다는 것입니다.

이유는 철도 노선 주변에 쇼핑몰이나 호텔 같은 상업 시설을 개발함으로써 고객 편의를 높이고, 동시에 철도 이용을 촉진할 수 있기 때문입니다. 게다가 인구 감소로 인해 탑승객 증가를 기대하기 어려운 상황에서 철도 사업만으로는 안정적인 수익을 확보하기가 쉽지 않습니다. 이에 철도회사들은 자신들이 보유한 광대한 토지와 건물 자산을 적극적으로 활용해 수익을 다각화하고 있습니다.

지금까지 철도회사가 지역을 개발하는 방법은 유동 인구가 많은 곳에 상업 시설을 만들고, 철도를 이용해 사람들을 수송하는 형태였습니다. 상업 시설에는 전국적으로 운영되는 프랜차이즈 점포를 입점시키는 것이었고요.

     2부 — 도쿄의 공간 개발, 직접 가본 핫 플레이스

경제가 빠르게 성장하고 도시가 팽창하면서 교외에서 도심으로 출퇴근하는 사람들이 많은 시대에는 이러한 방식이 가장 효율적이고 성공적인 모델이었습니다. 하지만 최근에는 새로운 개발 방식의 바람이 불고 있습니다. 천편일률적인 상업 시설을 일방적으로 짓는 것이 아니라 주민들의 의견을 모아 그들이 참여하는 개성 있는 시설을 만드는 것입니다. 대표적인 예가 '시모키타자와'(下北沢)입니다.

선로 지하화에 따라 생긴 선로 거리

도쿄 세타가야구에 있는 시모키타자와는 신주쿠에서 전철로 10분도 채 걸리지 않는 곳입니다. 헌 옷이나 중고 레코드를 파는 빈티지 가게와 인디 밴드의 공연장이 모여 있어 젊은이들로 붐빕니다. 서브 컬처의 성지로 불리는 시모키타자와는 작고 오래된 가게들이 좁은 골목길을 따라 뒤섞여 있어 걷다 보면 어디가 어디인지 구분하기 어려울 정도입니다. 골목 사이사이에 자리한 빈티지 숍 덕분에 이곳을 찾는 사람들로 늘 북적입니다.

시모키타자와에는 전철 오다큐선과 이노카시라선 철도가 지상으로 달리고 있습니다. 오다큐 그룹은 2004년 이 노선들을 정리하면서 선로를 지하로 이동시키고 선로가 있던 공간을 재개발하는 프로젝트를 발표했습니다. 이후 약 17년이 지난 2021년, 철도가 사라진 지상 공간에 약 1.7km에 달하는 '시모키타선로 거리'(下北線路街)가 만들어졌습니다. 그리고 두 개의 복합

시모키타자와는 서브 컬처의 성지로 불리운다. ⓒ정희선

상업 시설, '보너스 트랙'(BONUS TRACK)과 '리로드'(Reload)가 들어섰습니다.

시모키타 선로 거리는 오다큐 전철이 소유하고 있으며, 도쿄에서 얼마 남지 않은 금싸라기 땅입니다. 대부분의 부동산 개발사들은 이러한 부지를 수익 극대화를 위해 초고층 빌딩으로 개발하는 것을 계획합니다. 하지만 오다큐 전철은 기존 도시 개발의 방정식이라고 할 수 있는 대규모 상업 시설 대신 지금까지와는 전혀 다른 방식으로 시모키타자와를 개발했습니다.

오다큐가 앞세운 콘셉트는 '지역이 원하는 도시를 만든다'(地域が求める街をつくる)입니다. 이를 위해 가장 먼저 시모키타자와 주민들에게 의견을 물었습니다. "친척이나 친구들이 왔을

때 머물 수 있는 장소가 필요하다." "녹지가 많은 공원이 있으면 좋겠다." 같은 다양한 의견이 나왔고, 이를 수렴하면서 주민들과 함께 어떠한 모습이 가장 시모키타자와다울 것인지 고민하기 시작했습니다.

오다큐 지역사업창조부의 하시모토 과장은 다음과 같이 말했습니다. "아침, 점심, 저녁, 비 오는 날과 주말을 포함해 어떤 사람들이 어디를 걷는지 동네 주민들의 습관을 파악했습니다. 주민들에게 이야기를 들으면서 현지에 가서 정보를 수집하고 다시 이야기를 듣는 과정을 반복했습니다."

이들의 재개발을 두고 '상냥한 개발'이라고 부르는 이유입니다.

접근 가능한 임대료, 3층 이하 건물이 가능한 이유

지역 주민들의 의견이 반영된 상냥한 개발을 한 새로운 시모키타자와는 어떤 모습일까요?

시모키타자와역을 중심으로 다이타역, 히가시키타자와역의 세 역을 잇는 선로 거리 중심에는 독특한 복합 시설 '보너스 트랙'이 들어서 있습니다. 매장 주인이 1층에서 경제 활동을 하며, 바로 위층에 거주할 수 있게 되어 있는 2층 건물입니다. 이곳에는 주로 음식점과 잡화점, 갤러리 등이 있습니다. 이곳에 가면 단층 건물들이 쭉 늘어서 있어 오래된 동네 상점가에 온 듯한 느낌이 듭니다.

오다큐는 주민들과 소통하며 어디서나 흔하게 볼 수 있는

단층 건물로 재개발 된 시모키타자와 보너스 트랙 ⓒ정희선

대형 체인점은 이곳과 어울리지 않는다고 판단했습니다. 재개발을 통해 멋진 상업 시설이 들어서는 것도 좋지만 그럴 경우 '시모키타자와스러움'을 잃기 쉽다고 생각했습니다. 그렇지만 독특한 색깔을 가진 소규모 점포들이 시모키타자와의 임대료를 감당하기는 쉽지 않습니다. 그래서 오다큐 철도는 보너스 트랙을 설계하기 전 입주 희망자에게 지불할 수 있는 임대료를 물어보았습니다. 그리고 그 임대료에서 역산해서 투자 금액을 설정한 후 건물을 짓는 방식을 취했습니다.

실제로 보너스 트랙 내 점포의 임대료는 33제곱미터에 월 15만 엔(약 150만 원)으로 다른 도쿄 지역에 비해 저렴한 편입니다. 이것이 가능한 이유는 건물 2층에 주택이 있어 임차인이 주

          2부 — 도쿄의 공간 개발, 직접 가본 핫 플레이스

도심에 나타난 온천 여관 유엔 벳테이 다이타 ⓒsenrogai.com

택 임대료로 또 다른 수익을 얻을 수 있기 때문입니다.

그리고 보너스 트랙의 끝자락에는 료칸(일본식 여관)인 '유엔 벳테이 다이타'(由縁別邸 代田)가 들어서 있습니다. 이 료칸은 지역 주민의 아이디어를 받아들여 만든 것입니다.

"예전에는 시모키타 자와에도 료칸이 있어서 다들 거기서 묵었어. 그런 게 있으면 좋을 텐데."

오랫동안 이곳에 거주한 한 할머니가 했던 말에서 힌트를 얻었다고 합니다. 실제로 조사해 보니 시모키타자와가 위치한 세타가야구에는 호텔이 거의 없었습니다. 그래서 100만여 명이 사는 구에 숙박시설 하나 정도는 필요하지 않을까라는 생각에 료칸을 만들었습니다.

리로드에는 흔히 볼 수 있는 프랜차이즈가 아닌 개성 강한 점포들이 들어섰다.
ⓒ정희선, *senrogai.com*

　　　　　2부 — 도쿄의 공간 개발, 직접 가본 핫 플레이스

고등학생, 대학생부터 사회인까지 다양한 이들이 함께 살며 배우는
거주형 교육시설, 시모키타 컬리지 ⓒsenrogai.com

현재 료칸은 높은 가동률을 유지하고 있습니다. 놀라운 점은 방문객의 90%가 세타가야 구민이며, 특히 지방에 있는 료칸까지 이동하기 힘든 고령자의 방문율이 높다고 합니다.

보너스 트랙뿐만이 아닙니다. 또 다른 상업 존인 '리로드'에는 개성 강한 편집숍, 건강한 식재료를 사용한 카페 등이 들어섰습니다. 총 24개 상점 중 프랜차이즈로 운영되는 가게는 하나도 없습니다. 교토의 유명한 스페셜티 커피 브랜드인 오가와커피(Ogawa coffee), 감각적인 향과 디자인으로 유명한 향수 브랜드 아포테케 프래그런스(APFR) 등이 리로드만의 개성을 드러내며 대형 쇼핑몰과는 차별화된 경험을 제공하고 있습니다.

보너스 트랙과 리로드 외에도 시모키타자와에는 공유 오피스, 주민들을 위한 교육 시설인 시모키타 컬리지, 작은 공원, 팝업 카페나 푸드 트럭, 미니 콘서트를 열 수 있는 광장 등 다양한 시설이 저마다의 개성을 뽐내며 어우러져 있습니다.

여태까지의 도시 개발은 수직으로 솟은 대형 쇼핑몰이 들어서는 것이 정석이었습니다. 하지만 시모키타자와에서는 어느 곳을 걸어도 3층 이상의 높은 건물을 볼 수가 없습니다. 저층 건물들이 수평으로 펼쳐져 골목길을 만들고, 개성 있는 가게들이 다른 지역에서는 느낄 수 없는 분위기를 만들고 있습니다. 건물 중간중간에 배치한 벤치와 테라스도 수직으로 개발되는 상업 시설에서는 찾아보기 힘든 풍경입니다.

한국의 디자인 전문지 〈월간 디자인〉이 리로드를 디자인한 오호리(大堀 伸) 건축가와 진행한 인터뷰에 따르면, 길고 좁은 시모키타선로 거리에 커다란 수직형 건물이 들어서면 주변에 미치는 영향이 너무 클 것이기 때문에, 테넌트 공간을 $15\,m^2$에서 $130\,m^2$에 이르는 다양한 크기로 구상한 뒤 이를 엇갈리게 배치하고, 중첩하거나 대비시키는 방식으로 설계했다고 합니다.

오다큐 철도의 지원형 개발, 앞으로 새 모델 될까

오다큐는 주민의 눈높이에 맞춘 이러한 재개발을 '지원형 개발'이라고 부릅니다. '마을의 주인은 주민과 그곳에서 일하는 사람'이라는 아이디어를 바탕으로 그들이 만들고 싶은 마을을

     2부 — 도쿄의 공간 개발, 직접 가본 핫 플레이스

만드는 것입니다. 주민이 주체가 되고, 개발사는 수익 극대화가 아니라 지원자로서의 역할에 충실한 개발입니다.

흥미로운 점은 지역 주민들이 주체가 되어 마을을 만들자 결과적으로 다른 곳에서는 만날 수 없는 개성과 재미 가득한 지역이 탄생해 외부 사람을 시모키타자와로 끌어들이고 있다는 것입니다.

"철도 회사의 도시 개발은 도심에 백화점이나 대규모 오피스 빌딩과 같은 박스 형태의 건물을 만들고, 철도를 통해 외곽의 주민을 대량 수송하여 도심으로 불러들이는 모델이었습니다. 예를 들어, 오다큐는 신주쿠를 거점으로 삼아 '어떻게 하면 멀리에서도 찾아오는 도시를 만들 것인가'를 생각했습니다."
(오다큐 지역사업창조부의 하시모토 과장, 닛케이 신문 인터뷰)

오다큐가 다른 개발 모델을 생각하게 된 이유는 저출산 고령화로 인구가 감소하고, 소비 형태가 다양해지면서, 어디서나 흔하게 볼 수 있는 쇼핑몰을 만드는 것으로는 다른 지역과 차별화를 할 수 없다고 보았기 때문입니다. 게다가 코로나19를 거치면서 밀집된 공간을 피하고자 하는 소비자들과 재택근무의 정착은 사람들의 라이프스타일과 행동 반경을 크게 바꿨습니다.

예전에는 일상과 비일상 사이에는 명확한 경계가 존재했습니다. 출근해서 일하는 공간과 여가를 즐기는 동네는 다른 경우가 많았습니다. 하지만 지금은 이러한 경계가 불분명해졌습니다. 지금은 생활과 여가를 한 번에 즐길 수 있는 동네가 인기를 끌고 있습니다. 시모키타자와에서 시도한 지원형 개발이 앞으로 도시 개발의 새 방향이 될 것이라고 개발사인 오다큐는 생각하고 있습니다.

시모키타자와 선로 개발은 약 5년에 걸쳐 총 90억 엔(약 900억 원)이 들었습니다. 개발 후 시모키타자와역의 승하차 인원은 16만 명 증가했습니다. 코로나가 끝난 2022년, 오다큐선 전체의 평균 수송 인원이 전년 대비 30.4% 정도로 증가한 반면, 시모키타자와역은 평균을 웃도는 38.9%를 기록했습니다.

시모키타자와의 사례는 지역 주민이 살기 좋은 마을을 만들자 마을의 매력이 높아지고 활기가 돌며 수익이 창출되는 선순환을 잘 보여줍니다.

　　　　　　　2부 — 도쿄의 공간 개발, 직접 가본 핫 플레이스

7
소니는 왜 도쿄 한복판에 공원을 만들었나, 긴자

"일본 최고의 고급 상업 지구, 일본에서 가장 땅값이 비싼 곳."

도쿄를 여행하는 분들이라면 한 번쯤은 들르는 긴자(銀座)를 설명하는 문구입니다. 이곳에 오래전부터 건물 하나를 가지고 있는 기업이 있습니다. 바로 일본을 대표하는 기업 '소니'(Sony)입니다. 도쿄 긴자에 있는 소니 빌딩은 1966년 개관되어 2017년까지 운영되었습니다. 그리고 2018년부터 재개발에 들어갔습니다.

보통 재건축을 계획하는 건물주는 헌 건물을 해체하는 대로 다음 공사를 시작하고 싶어 합니다. 그래야 효율적이니까요. 하지만 소니는 재건축 과정에서 건물을 허문 공터에 '임시' 공원을 짓기로 했습니다. 고층 건물에 둘러싸인 지역 시민들에게 잠시나마 쉴 공간을 제공하고, 긍정적인 브랜드 인식을 남기기 위해서였습니다.

그렇게 탄생한 '긴자 소니 파크'(Ginza Sony Park)는 2018년부터 2021년 9월까지 3년 동안 시민들에게 큰 사랑을 받았습니다. 그리고 재건축을 마치고 다시 등장한 긴자 소니 파크 또한 우리가 흔히 만나는 재건축의 통념을 뒤엎습니다.

기간 한정 공원이라는 파격적인 아이디어로 화제를 모았던 소니의 독특한 재건축 사업의 철학과 과정 그리고 현재의 모습을 돌아보겠습니다.

'짓지 않는' 건축에 도전하다

재건축은 기존에 낡은 건물을 허물고 다시 짓는 것을 말합니다. 오래된 건물을 철거하고 새로운 건물을 빠르게 짓기 위해 가장 효율적인 일정을 계획하는 것이 일반적인 재건축 과정입니다. 하지만 소니는 일부러 3년 동안 공사를 미루며 그 자리에 공원을 만들었습니다. 소니는 어떤 의도였으며, 그 공원은 어떻

1996년 세워진 소니 본사(왼쪽), 2018년 같은 터에 만들어진 소니 파크
ⓒsonypark

2017년, 소니빌딩이 건물 해체를 앞두고
소니 파크로의 변신을 알리는 모습
ⓒsonypark

게 이용되었을까요?

소니 빌딩의 재건축 프로젝트가 시작된 것은 2013년입니다. 처음에는 보통의 재건축 프로젝트처럼 기존 건물을 허물고 새로운 건물을 짓는 안으로 이야기가 시작되었습니다. 몇 층으로 할 것인지, 어떤 테넌트를 넣으면 좋을지 등을 고민했습니다. 하지만 논의가 진행될수록 "도쿄 여기저기에 들어선 것과 비슷한 건물을 다시 짓는 것은 소니답지 않다"는 의견이 내부에서 나오기 시작했습니다.

그럼 '소니다운' 빌딩은 무엇일까요? 소니는 '남들이 하지 않는 일을 한다'는 창업 정신을 갖고 있습니다. 소니는 세계 최초로 휴대용 카세트 플레이어 워크맨을 만들었습니다. 창업 정신에 입각해 볼 때, 남들과 비슷한 건물을 만들 것이라면, 차라리 짓지 않는 것이 낫다는 의견이 나왔고, 내부적으로 그 의견을 받아들입니다. 매년 새로운 건물이 새롭게 만들어지는 도쿄에서 짓는 것에 집착하는 것이 아니라, 남들이 하지 않는 '짓지 않는 건축'에 도전하기로 한 것입니다.

재건축을 잠시 미루고 공원을 열다

"짓지 않는다." 그렇다면 이곳을 어떤 공간으로 만들면 좋을지 논의가 시작되었습니다. 당시 재건축 프로젝트 팀원들이 힌트를 얻은 곳은 1966년 문을 연 소니 본사의 모습이었습니다. 당시 소니 빌딩은 빌딩의 교차로에 면한 약 10평 남짓한 공간을 녹지로 갖고 있었습니다.

지금이야 자연을 중요하게 생각하는 기업이 늘면서 바이오필릭(biophilic) 디자인을 적용하거나 고객이 편하게 쉴 수 있는 공간을 마련하는 오피스나 상업 시설을 쉽게 찾아볼 수 있습니다. 하지만 1966년 경제가 초고속으로 성장하던 일본에서, 그것도 긴자의 노른자위 땅에 놓인 자사 빌딩에, 회사의 이익과 직접적으로 연결되지 않는 공원을 만들었다는 발상 자체가 놀라운 일입니다.

소니는 이러한 생각을 이어받아 재건축이 진행되는 터를 공원으로 만드는 안을 마련합니다. 긴자에는 공원이 부족한 편이어서, 본사가 50년간 자리해 온 지역 사회에 기여할 수 있는 의미 있는 방안이 될 수 있다고 판단했습니다.

소니는 빌딩을 허물고, 새로운 빌딩을 짓는다는 재건축 단계 사이에 한 단계를 추가해서 빌딩을 허물고, 공원을 만들고, 그런 다음 새로운 빌딩(공간)을 짓는 것으로 결정합니다. 재건축이 이뤄지는 단계에서도 새로운 가치를 만들기로 한 것입니다.

하지만 긴자의 초일류 지역을 모두에게 개방한다는 아이디어가 일반인들에게는 좋을지는 모르지만, 회사로서는 위험이 따릅니다. 기업으로서는 당장 임대료 수입이 줄어듭니다. 그리

     2부 — 도쿄의 공간 개발, 직접 가본 핫 플레이스

소니 파크의 변천사 ⓒsonypark

고 소니 빌딩이 가지고 있던 상징성이 희석될 것이라는 의견도 나왔습니다. 하지만 프로젝트 리더이자 최고 브랜딩 책임자인 나가노 다이스케 씨는 닛케이 신문과의 인터뷰에서 다음과 같이 말했습니다.

"남들이 하지 않는 일을 한다는 가치를 생각하면, 이곳을 공원으로 만들었을 때 얻을 수 있는 화제성과 가치가 더 크다고 판단했습니다. 차라리 짓지 않는 편이 브랜드 가치를 더 높일 것으로 생각했습니다."

여백 없는 긴자에 들어선 공원, 긴자 소니 파크

그렇게 만들어진 '임시 공원' 소니 파크는 어떤 모습이었을까요? 수목이 우거지고 녹음이 풍성하며 분수가 있는 전형적인 모습의 공원을 대도시 도쿄의 긴자에 만드는 것은 사실상 불가능합니다. 대신 소니가 주목한 것은 사람들의 행동이었습니다.

"공원에는 여백이 있기 때문에 모두 자유롭게 시간을 보냅니다."

지상 8층 규모였던 기존 건물의 상부를 해체하고 만든 터에 나무 데크를 깔고 다양한 식물을 심었으며, 지하에는 기존 건물 골조와 벽 타일을 활용해 상점을 들였습니다. 약 200평 규모의 지상 공간과 로우어 파크(lower park)라고 불리는 지하 4층으로 구성된 공원을 설계한 것입니다. 소니 파크는 3면이 큰 도로를 향해 벽이나 문 없이 활짝 개방된 모습이었습니다. 지하 2층은 지하철 긴자 역과 연결되며, 지하 3층의 주차장과도 연결되었습니다. 지상과 지하 모두 거리에 개방된 셈입니다.

소니 파크가 존재한 3년 동안, 파크 내 공간은 유기적으로 운영되었습니다. 전시회가 열리기도 하고, 카페나 상점이 팝업 형식으로 운영되기도 했습니다. 오픈 당시에는 시설 내 음식점 네 곳이 들어섰는데, 모두 테이크아웃 방식으로 운영되었습니

기존 건물의 흔적이 남아있는 소니 파크 내 상점들 ⓒsonypark

     2부 — 도쿄의 공간 개발, 직접 가본 핫 플레이스

다. 인근 점포에서 사 온 음식을 공원에서 먹는 느낌을 연출하려고 일부러 테이크아웃 형식을 취한 것입니다.

흥미로운 점은 규모에 비해 매장이 매우 적었다는 것입니다. 지상 1층부터 지하 4층까지 5개 층이 있음에도 불구하고 입주 점포는 단 여섯 개

모든 음식점을 테이크아웃 형태로 운영했다.
ⓒsonypark

뿐이었습니다. 점포를 늘리지 않는 이유는 공원이라는 콘셉트를 유지하기 위함이었습니다. 많은 공간을 여백으로 남겨 방문객이 자유롭게 이용할 수 있도록 설계한 것입니다. 소니는 "공원의 여백 부분을 먼저 디자인하고 그 주변에 매장을 배치했다"고 설명했습니다.

명품 상점이 가득한 빌딩 숲 긴자 지역에는 무료로 쉴 수 있는 장소가 거의 없습니다. 방문객 수에 비해 카페의 수도 부족한 편입니다. 이러한 긴자에서 누구든 와서 쉴 수 있는 소니 파크는 민간 기업의 땅이지만 공공의 역할을 했습니다. 실제로 소니의 조사에 따르면, 사람들이 이곳을 찾는 이유로 휴식을 첫 번째로 꼽았습니다.

소니 제품을 안 파는 소니 파크, 장소가 브랜드 경험이 되다

소니 파크는 오픈하자마자 많은 언론에 소개되었고 많은 사람이 찾아왔습니다. 2018년 8월부터 2021년 9월 말까지 약 850만 명이 공원을 다녀갔습니다. 그들 모두가 소니라는 브랜드와 접촉했다고 보아도 무방합니다. 나가노씨는 "소니 파크는 하나의 상품이자 서비스"라며 워크맨과 플레이스테이션이 그랬던 것처럼, 850만 명에게 즐거움을 준 것이라고 말했습니다.

보통 기업이 공간을 만들면, 고객과 제품의 접점을 중시하고 체험할 수 있는 쇼룸 같은 것을 생각하기 쉽습니다. 하지만 소니 파크는 다른 구상을 했습니다. 제품은 어디에서도 찾아볼 수 없으며, 판매 시도도 하지 않았고, 그냥 공원이라는 본질에 충실했습니다. 이후 고객들에게 소니 파크에 대한 인상에 관해 설문조사를 한 결과 '놀고 싶은 곳', '다른 곳에서는 볼 수 없는 시설', '소니다운 곳'이라는 응답이 많았습니다. 제품 없이도 브랜드의 핵심인 남들이 하지 않는 것을 하는 '소니다움'을 표현한 공원이라고 인식한 것입니다.

나가노 씨는 닛케이 신문과의 인터뷰에서 한 초등학생의 예도 들었습니다. 그는 소니 파크에서 한 초등학생이 지하 한 구석 테이블에서 노트를 펼쳐 놓고 숙제를 하는 광경을 보았다고 했습니다. 그야말로 공원이기에 가능한 풍경이었습니다. 나가노 씨는 소니 파크에서의 경험이 소년에게 브랜드에 대한 첫 경험(이른바 'My first Sony')이 되고, 자연스럽게 브랜드 로열티도 형성되어 갈 것이라고 기대했습니다. 그 아이가 당장 플레이스테이션을 사는 것은 아니지만, 몇 년 후 게임기를 사려고 할 때

    2부 — 도쿄의 공간 개발, 직접 가본 핫 플레이스

예전의 추억을 떠올리며 소니를 선택할 수 있습니다. 경험이 브랜드로 연결되는 과정입니다.

소니 파크는 스마트폰과 같아

2025년 1월, 마침내 소니 파크가 재건축을 마치고 새롭게 문을 열었습니다. 여백을 중시한 공원의 콘셉트는 재건축 후에도 이어졌습니다. 새롭게 문을 연 소니 파크는 이름 그대로 '파크'의 형태를 유지하며, 건물 면적의 40%를 여백으로 남겨두었습니다. 일반적인 상업 빌딩처럼 상설 임대 매장은 두지 않기로 했습니다. 그리고 소니 직원뿐만 아니라 다른 사람들도 이용할 수 있는 공원이자 쇼룸 그리고 전시관으로 운영하기로 했습니다.

"긴자에 여백을 만드는 것이 콘셉트입니다. 뚜렷한 목적을 가지고 방문하는 박물관이나 엔터테인먼트와 달리, 여행, 쇼핑, 식사 등 다양한 목적으로 긴자에 오는 사람들에게 만남의 장소나 휴식처로 이용되도록 한 것입니다."(프로젝트 리더이자 최고 브랜딩 책임자인 나가노 다이스케 닛케이 신문 인터뷰)

2025년 1월 오픈 직후, 소니 그룹의 브랜드를 알리는 '소니 파크전'의 1부를 개최하고, 이후 몇 달 뒤인 2025년 5월 2부를 개최했습니다. 이번 전시의 목적이 무엇인지 묻는 질문에 나가노 씨는 "소니 파크는 말하자면 스마트폰과 같습니다. 그 위에 정보가 앱처럼 탑재되는 것이죠. 전시회는 소니 파크에 설치되는 앱과 같습니다."라고 답하였습니다.

소니는 '첫해부터 손익분기점을 넘어야 한다'는 명확한 목표도 설정했습니다. 수익을 내면서도 공원의 기능을 유지해야 합니다. 그러려면 이벤트 하나하나의 질이 매우 중요합니다. 그래서 60%만 가동해도 수익성을 확보할 수 있는 전략을 구상했습니다. 즉 이벤트 주최측으로부터 임대료를 받는 것에만 머물지 않고, 직접 매력적인 프로그램을 기획하고 운영하는 역할까지 수행한 것입니다.

이는 2018년부터 2021년까지 긴자 소니 파크를 운영하는 동안 약 400건의 다양한 이벤트를 성공적으로 개최하며 축적한 노하우가 바탕이 되었기 때문에 가능한 일입니다. 방문객의 니즈를 정확히 파악하여 주최 측에 매력적인 프로그램을 제안하고, 나아가 운영까지 책임짐으로써, 일본 최고의 상업지구라는 입지적 강점과 소니만의 독창적인 기획 편집 역량을 결합하여 안정적인 수익 구조를 창출한 것입니다.

아직은 소니 그룹의 자체 이벤트 중심으로 운영되고 있으나 앞으로는 외부 기업의 적극적인 활용을 도모할 방침입니다.

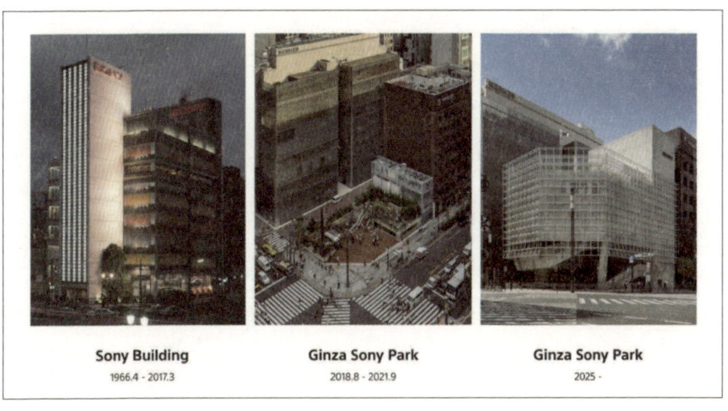

재건축 후 선보인 소니 파크 ⓒsonypark

소니 그룹의 브랜드를 알리기 위한 '소니 파크전'을 개최하였다. ⓒ정희선

그럼에도 소니 파크는 단순한 가동률 향상을 넘어 '긴자다움, 소니다움, 공원다움'이라는 고유한 가치를 유지하는데, 최우선 순위를 둘 것이라고 밝히고 있습니다.

2017년부터 건물이 폐쇄되고 다시 건물이 세워지기까지의 8년이라는 시간 동안, 소니 그룹의 경영진은 구조 개혁을 통해 많은 자산을 매각하는 어려운 상황 속에서도, 창업자의 정신을 계승하는 상징적인 공간을 보존하고자 했습니다. 시대를 풍미한 혁신적인 하드웨어를 만든 소니의 정신을 이어받아, 앞으로 그룹의 비전을 제시하는 역할을 하게 될 소니 파크. 그룹의 새로운 상징으로 자리매김할 수 있었으면 합니다.

도로를 이동시키며 탄생한 긴자 식스

소니 파크와 함께 긴자 재개발을 대표하는 곳이 하나 더 있습니다. 연면적 약 14만 8,700㎡에 달하는 긴자 지역 내 최대 규모를 자랑하는 '긴자 식스'(Ginza Six)라는 이름의 상업 시설입니다. 이곳이 세간의 주목을 받게 된 것은 기존 도로의 위치를 이동시키고, 도로 위를 건물이 감싸는 독특한 구조를 채택했기 때문입니다.

도로를 이동시킨다는 것이 어떤 것인지 잘 상상이 안 될 것 같은데요, 긴자 식스가 들어선 부지는 원래 마쓰자카야 백화점이 있었고, 그 뒤편으로 소규모 건물들이 있었습니다. 재개발 부지에는 백화점과 소규모 건물들 사이를 동서로 가로지르는 도로가 하나 있었습니다. 이를 그대로 두면 대형 건물을 짓는 것이 불가능한 상황이었습니다. 그리고 도로는 없앨 수 없도록 법으로 정해져 있었습니다.

긴자 식스의 개발사인 모리빌딩은 이 문제를 해결하기 위해 기존 도로를 남쪽으로 약 15미터 정도 이전하는 방안을 제안했고, 도쿄도는 이 계획을 승인해 전대미문의 도로를 이동시키는 재개발을 진행했습니다. 그 결과 원래 도로가 있던 자리에 대형 건물을 지을 수 있게 되었고, 긴자 식스는 긴자 최대 규모의 복합 건물로 탄생할 수 있었습니다.

건물의 외관은 뉴욕 현대 미술관의 재설계로 유명한 건축가 다니구치 요시오(谷口吉生)가 맡았습니다. 그는 일본 전통 건축 양식인 '히사시'(처마)와 '노렌'(상점 입구에 늘어뜨리는 천)을 모티브로 활용했습니다. 상층부는 수평으로 반짝이는 스테인리스

스틸 소재의 히사시로 건물의 통일감과 규모감을 표현했습니다. 대로변과 가까운 하층부는 1개 층 높이의 패널을 노렌처럼 늘어뜨려 건물의 웅장함을 완화하는 동시에 각 점포가 자유롭게 디자인하도록 해 개성을 드러내도록 했습니다. 그리고 2층 중앙에는 거대한 아트리움을 조성했습니다. 비스듬히 들어오는 조명 라인과 패턴을 적용한 패널로 시각적 상승감을 연출하고, 방문객의 시선과 동선이 자연스럽게 위층으로 향하도록 설계했습니다.

"긴자나 교토에 남아있는 골목길을 이미지화해 점포들이 늘어선 통로를 디자인했습니다. 기존 백화점에서 흔히 볼 수 있는 넓고 직선적인 통로를 따라 점포들이 늘어선 것이 아니라, 일부러 지그재그 형태로 만들었습니다. 고객들이 산책하는 듯한 즐거움을 느낄 수 있도록 했습니다. 통로에는 각 점포가 들

긴자 식스의 중정은 시즌별로 다른 예술 작품을 설치한다. ©japan.travel

긴자 식스 외관은 일본 전통 건축 양식을 모티브 삼아 디자인하였다. ⓒ정희선

쑥날쑥하게 나타나, 가게의 얼굴이 잘 보이도록 배치했습니다."
(긴자 식스의 디자인을 담당한 그웨날 니콜라스)

긴자는 역사 깊은 공간이지만, 방문객들이 머무를 수 있는 오픈 스페이스가 부족하다는 과제를 안고 있습니다. 이를 해결하기 위해 긴자 식스는 옥상 정원을 조성했습니다. 1,200평(4,000㎡) 넓이의 옥상에 약 670평(2,200㎡)의 녹지 공간을 창출했습니다.

긴자 식스는 혁신적인 도시 계획과 건축 디자인, 그리고 세

심한 공간 설계를 통해 긴자의 랜드마크로 자리 잡았습니다. 상업 시설로서의 긴자 식스는 어떨까요? 좋은 실적을 내고 있는 걸까요?

긴자는 일본을 방문하는 외국인들이 꼭 들르는 동네 중 하나입니다. 명품 숍이 즐비한 가운데 일본과 세계를 대표하는 브랜드의 플래그십 매장이 늘어선 곳이기도 합니다. 긴자 식스는 이곳에서 다른 상업 시설과 차별화를 꾀하기 위해 '플래그십'과 '예술'이라는 두 키워드를 내세웠습니다. 즉 단순히 규모나 매출액이 큰 매장이 아닌, 각 브랜드의 세계관과 철학을 온전히 드러낼 수 있는 공간 조성에 힘을 쏟았습니다. 현재 전체 테넌트의 절반 이상인 130여 개 점포가 이러한 컨셉트에 맞춰 플래그십 스토어로 운영되고 있습니다. 이는 다른 지역의 로드숍과는 차별화된 '개방적인 고급 상점'으로서 다양한 고객층을 흡수하는 데 이바지하고 있습니다.

그리고 건물 입구부터 내부 곳곳에 회화, 조각 등 다양한 예술 작품을 전시해 방문객들에게 풍부한 문화적 경험을 제공하고 있습니다. 약 1년 주기로 교체되는 아트리움의 거대한 설치 작품은 긴자 식스의 상징적인 볼거리입니다. 이러한 예술과의 조화는 단순히 쇼핑몰을 넘어, 문화적 가치를 누리는 공간으로서의 이미지 구축에 중요한 역할을 하고 있습니다.

8
항구 도시 도쿄, 연안의 모습이 바뀌다, 다카나와

일본은 도쿄의 경쟁력을 높이기 위해 정부 주도하에 도시 재생 사업을 진행하고 있습니다. 2014년 도쿄도는 도쿄 남부에 위치한 시나가와(品川)역 일대 개발에 대한 가이드라인을 개정하며, 이 지역을 일본의 성장을 견인할 국제 교류 거점으로 만들기로 미래 비전을 선언했습니다. 그리고 약 10년이라는 시간이 흐른 지금, 대규모 재개발을 통해 조성된 시설이 하나둘 모습을 드러내기 시작했습니다.

시나가와는 탁월한 입지로 유명합니다. 하네다 공항과 도쿄 도심을 연결하는 교통의 요충지일 뿐 아니라, 차세대 고속철도인 리니어 중앙 신칸센(기존 신칸센보다 빠른 차세대 고속 철도)의 출발역이기도 합니다. 이러한 입지로 인해 시나가와는 일본을 대표하는 국제 관문으로 성장할 수 있는 잠재력을 지닌 곳입니다.

모리기념재단의 도시전략연구소는 '세계 도시 종합력 랭킹 2024'이라는 보고서에서 도쿄가 '문화 및 교류' 측면에서 세계 3위를 차지했다고 밝혔습니다. 국제 컨벤션 개최 건수와 외국인 방문객 수에서 높은 평가를 받으며 글로벌 도시로서의 위상

     2부 — 도쿄의 공간 개발, 직접 가본 핫 플레이스

을 입증했습니다. 하지만 공항 접근성, 고급 호텔 객실 수, 관광지의 매력도 등 일부 지표는 여전히 과제로 남아 있습니다. 이러한 약점을 보완하고 글로벌 도시로서의 역량을 확장하기 위해 시나가와 일대를 중심으로 한 도시 재편이 본격화되고 있습니다.

그중 상징적인 프로젝트가 바로 '다카나와 게이트웨이 시티'와 '시바우라 블루 프론트'입니다. 우선 다카나와 게이트웨이 시티부터 둘러보겠습니다.

도쿄 최대급 개발 사업, 다카나와 게이트웨이 시티

2020년 3월, 한국의 서울 지하철 2호선과 유사한 순환선인 JR 야마노테선에 49년 만에 새로운 역이 개통되었습니다. 바로 다카나와 게이트웨이역입니다. 일본의 세계적인 건축가 구마 겐고가 설계한 이 역은 철골 구조와 목재를 결합한 지붕, 자연광이 들어오는 유리 천장 등 전통과 현대의 미학을 절묘하게 융합했다는 평가를 받고 있습니다. 하지만 이 역은 단순한 교통 거점이 아닙니다. 일본 최대의 민간 철도 회사 JR동일본이 추진하는 도시 개발 프로젝트인 '다카나와 게이트웨이 시티'의 출발점이기도 합니다.

다카나와 게이트웨이 시티가 위치한 곳은 낙후된 차량 기지를 재개발해 조성된 부지입니다. 하네다 공항과의 뛰어난 접근성을 무기로 도쿄를 국제 비즈니스 허브로 육성하겠다는 의도가 담겨 있습니다. 규모는 약 25만 5천 평(84만 5천㎡)로 일본

다카나와 게이트웨이 역은 목재를 주요 소재로 활용하고 있다. ⓒ정희선

다카나와 게이트웨이 시티는 일본 내 재개발 중 최대 규모이다. ⓒ정희선

다카나와 게이트웨이 시티는 총 5개의 건물로 구성된다. ⓒtakanawagateway-

내 재개발 사례 중 최대 규모를 자랑합니다.

이곳에는 상업 시설 개발이 아닌 도쿄의 국제 경쟁력을 강화하겠다는 목표 아래, 총 다섯 개 건물(더 링크필러 1 남, 더 링크필러 1 북, 더 링크필러 2, 레지던스, 더 뮤지엄 오브 내러티브즈)이 들어섭니다. 이 중 두 개 건물은 2025년 봄에 사전 오픈을 했고, 2026년 봄 나머지 세 개 건물이 모두 문을 열 예정입니다.

다카나와 게이트웨이에는 쇼핑몰, 오피스, 고급 호텔은 물론이고, 대형 국제 전시장까지 포함하고 있습니다. 특히 도심에서는 보기 드문, 최대 2,000명 수용 규모의 대형 MICE 시설이 지하에 배치되어 있습니다. MICE는 회의(Meeting), 포상관광(Incentive), 국제회의(Convention), 전시·이벤트(Exhibition) 등을 개최할 수 있도록 특화된 종합 복합 공간을 말합니다. 다카나와 게이트웨이 컨벤션 센터는 $1,640\,m^2$(약 500평) 규모의 다목적 홀을 중심으로 한 도심 최대 컨벤션 시설입니다. 링크필러 홀은 최대 2,000명을 수용할 수 있는 곳으로 종소형 회의실도 여러 개 마련했습니다.

JR동일본은 다카나와 게이트웨이를 기획하면서 스타트업 생태계 조성에도 힘을 쏟았습니다. 거대한 스타트업 공간을 3개나 만들었는데, 그중의 하나인 링크스콜라허브는 도쿄대, 싱가포르 국립대, 파스퇴르연구소 등과 협력하여 100개 이상의 스타트업을 육성하는 글로벌 창업 인큐베이터로 조성되었습니다.

2025년 3월 완공된 더 링크필러 1
ⓒ정희선

"이곳은 국내외 사람들이 모여 혁신을 창출하는 거점이 될 것입니다. 도심 최대 규모의 MICE 시설을 갖추고, 이곳에서 발생하는 교류를 통해 새로운 문화와 산업을 만들어가고자 합니다."(JR동일본 마케팅본부 도시개발부문 시나가와유닛 매니저 쿠보타)

일본 최초의 철도가 달렸던 곳이, 도쿄의 미래를 이끄는 곳으로

"100년 후의 풍요로운 삶을 위한 실험장."(100年先の心豊かなくらしのための実験場)

다카나와 게이트웨이 개발의 핵심 콘셉트입니다. 콘셉트에서 드러나듯 단지 건물을 짓고 상업 시설을 유치하고자 하는

2부 — 도쿄의 공간 개발, 직접 가본 핫 플레이스

다카나와 게이트웨이 시티는 목재를 적극 활용하고 있다. ⓒ정희선

것만은 아닙니다. 일본의 미래를 만들어 가고자 하며 이러한 철학은 다카나와가 지닌 역사성과도 연결됩니다.

다카나와는 원래 일본 최초로 철도가 달렸던 곳입니다. 1872년, 신바시와 요코하마를 잇는 일본 최초의 철도가 개통되었고, 기차가 지나갈 수 있게 당시로서 매우 혁신적인 토목 기술로 바다를 메워 선로를 깔았던 곳이 바로 다카나와였습니다. JR동일본은 이 장소가 지닌 '혁신의 출발지'라는 의미를 계승했다고 밝혔습니다.

JR동일본은 다음과 같은 개발 청사진을 밝혔습니다.

"첨단 기술을 활용하면서 풍부한 자연을 끌어들여 다양한 사람들이 편안하게 생활할 수 있는 환경을 만듭니다. 에너지 절감, 재생 가능 자원 활용 등 환경친화적인 도시 모델을 실현함으로써 탄소 배출을 줄이고 지속 가능한 사회에 기여합니다. 또한 기업, 연구 기관, 지역 사회가 긴밀히 협력하여 새로운 기술,

실험 중인 배달 로봇 ⓒ정희선

서비스, 문화를 창출하는 플랫폼이 되며, 하네다 공항과 가까운 입지를 활용하여 국제 비즈니스와 문화 교류의 거점으로 개발할 예정입니다."

이러한 개발 전략은 다음과 같이 구체화되고 있습니다.

첫 번째는 친환경 건축입니다. 다카나와 게이트웨이 시티는 목재를 적극적으로 활용한 점이 인상적입니다. 이는 건축가 구마 겐고의 디자인 철학이기도 하지만, 환경친화적인 건축 자재인 목재를 활용하여 지속 가능한 도시 개발을 지향한 것입니다. 역사의 지붕뿐만이 아니라 화장실, 내부 인터리어에도 목재를 활용했습니다. 현재 개방 중인 더 링크필러 1의 1층 역시 누구나 편히 앉아 쉴 수 있는 목재 기반의 공공 좌석이 설치되어 있습니다.

두 번째로 다양한 건축 기술의 실험입니다. 예를 들어, 사람이 탑승한 상태에서 자동으로 주행하는 모빌리티 시스템과 배

191

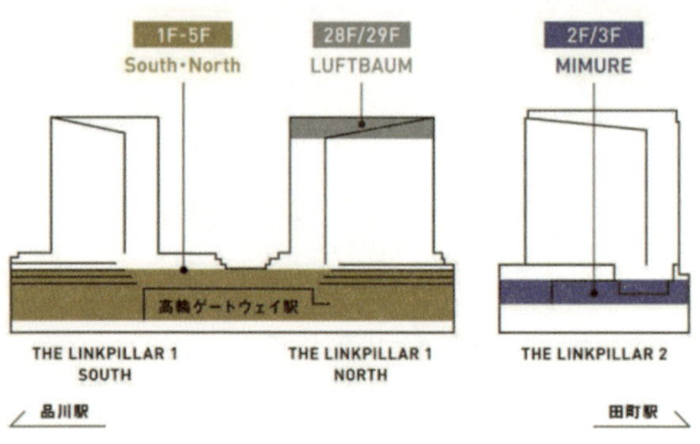

JR동일본이 운영하는 쇼핑몰 '뉴우먼'이 건물 세 동에
각기 다른 콘셉트의 쇼핑 시설을 선보인다. ⓒnewoman

달 로봇이 시범 운영되고 있습니다. 그리고 실시간 혼잡도를 분석하는 등 다양한 스마트 기술이 공간 내에서 테스트 되고 있습니다.

세 번째는 공간의 융합입니다. 고층 빌딩은 쇼핑 공간과 비즈니스 공간을 분리하고 동선과 입구를 나누는 게 통상적인데, 다카나와 게이트웨이 시티에서는 상업과 오피스 공간의 구분을 허물었습니다. 일과 일상, 비즈니스와 휴식의 경계를 허물기 위한 시도일 뿐만 아니라 다양한 사람들이 서로 교류하며 창의력이 증폭되기를 바라는 바람을 담았습니다.

다카나와 게이트웨이 시티에서 상업 시설을 담당하는 핵심 플레이어는 JR동일본이 운영하는 쇼핑몰 브랜드 '뉴우먼'(NEWoMan)입니다. 뉴우먼은 JR동일본이 개발 및 운영하는 상업 시설 브랜드로 지적이고 세련된 새로운 시대의 여성의 일상 제안, 여성이 빛날 수 있는 경험과 가치의 제공이라는 콘셉트 아래 기획 및 운영되고 있습니다.

"앞으로의 시대는 디자인, 아트, 크리에이티비티처럼 눈에 보이지 않는 가치가 더욱 중요해질 것입니다. 우리는 이곳에서만 가능한 체험을 제공하고 싶습니다."(뉴우먼을 운영하는 JR동일본 루미네 주식회사 대표, 오모테 마사히사)

다카나와 게이트웨이에 들어선 뉴우먼은 여태까지 JR동일본이 만든 뉴우먼 중 최대 규모를 자랑합니다.

500그루 넘는 식물 정원이 들어선 쇼핑 시설, 뉴우먼

뉴우먼은 28층에 '루프트바움'(LUFTBAUM)이라는 도심 속 식물 정원을 만들었습니다. 500그루 이상의 식물이 배치된 이 공간은 고도 100미터 이상의 고층에서 자연을 경험할 수 있도록 설계된 특별한 곳입니다. 이렇게 높은 곳에 식물 정원이 조성되는 것은 보기 드문 시도입니다. 특히 360도 입체 사운드 시스템이 설치된 자연 친화형 휴식 공간은 시각과 청각이 어우러진 휴식을 제공합니다.

루프트 바움에는 식물 정원뿐만 아니라 자연에 둘러싸인 100평 규모의 레스토랑, 지역의 식재료를 활용한 고급 레스토랑 등도 함께 들어서 있습니다. 즉 시각과 청각을 넘어 미각과 후각까지 자극하는 공간을 만들고자 했습니다. 정원 속에 다양한 식당을 들인 사실을 통해 뉴우먼이 '식문화'를 중시하고 있음을 알 수 있습니다.

뉴우먼은 이름에서도 드러나듯이 여성 고객에게 새로운 라

루프타 바움과 정원 내 위치한 식당의 입구 @정희선

이프스타일을 제안하는 상업 시설입니다. 이러한 콘셉트를 위해 특히 다카나와에서 뉴우먼이 선택한 브랜드는 버미큘라와 아코메야 도쿄입니다.

'버미큘라'(Vermicular)는 소재 본연의 맛을 끌어낸다는 철학과 나고야의 장인 정신을 담은 프리미엄 주방용품 제품입니다. 특히 고급 주철로 만든 밥솥이 버미큘라의 대표 제품입니다. 뉴우먼 안에는 '최고의 버미큘라 체험'이라는 테마 하에 디자인된 버미큘라의 플래그십이 있습니다.

이곳은 자사의 제품을 고객들이 오감으로 체험할 수 있도록 설계, 레스토랑에서는 버미큘라의 조리 기구와 제철 식재료를 사용한 음식을 맛볼 수 있습니다. 또한 고객은 버미큘라의 제품을 사용해 요리하는 체험도 할 수 있습니다.

버미큘라와 함께 뉴우먼이 초대한 또 다른 브랜드는 '아코메야 도쿄'(AKOMEYA TOKYO)입니다. 아코메야 도쿄는 30대 이상 여성들의 전폭적인 지지를 받는 브랜드로 이미 도쿄 내 다른 쇼핑몰에서도 종종 만나볼 수 있습니다. 아코메야가 사랑받는 이유는 단순히 식품을 모아 놓은 편집숍이기 때문이 아니라 '쌀을 중심으로 한 새로운 일본 식문화'를 제안하는 브랜드이기 때문입니다.

아코메야는 일본 각지에서 엄선한 쌀을 자체적으로 정미해 판매하는데, 그 방식이 매우 흥미롭습니다. 쌀을 커피나 와인처럼 취향에 따라 고를 수 있도록 세심하게 분류하고, 이를 소량으로 판매합니다. 차별화가 힘들고 쉽게 지나치기 쉬운 '쌀'에 주목해 이를 차별화하고 부가가치를 만들어낸 점에서 돋보이는 브랜드입니다. 아코메야는 쌀을 미식 경험의 영역으로 끌

프리미엄 주방용품 브랜드인 버미큘라의 체험형 점포 @정희선

아코메야 도쿄 @Fun! Japan

어울려 제안하고, 나아가 쌀을 중심에 둔 '식문화 라이프스타일 브랜드'로 진화하고 있습니다.

2026년 봄에는 뉴우먼 다카나와 안에 '미무레'(MIMURE)라는 '식'(食)을 테마로 한 공간이 추가로 선보일 예정입니다. 약 $8,000\,m^2$(약 2,420평) 규모로 조성되는 이 공간은 일본의 로컬 콘텐츠와 식문화를 테마로 합니다. 커피, 맥주, 초콜릿, 젤라토 등 네 가지 품목을 중심으로 생산과 소비가 함께 이루어지는 체험형 매장이 들어설 예정입니다.

문화를 음미하는 서점, 분키츠 도쿄

뉴우먼 다카나와가 차별화된 체험의 가치를 제공하기 위해 공을 들인 테넌트 중 또 다른 하나는 '입장료를 내고 들어가는 서점'이라는 독특한 콘셉트로 유명한 '분키츠'(文喫)입니다. 이곳은 일본출판판매(日本出版販売, 닛판)의 자회사인 히라쿠(ひらく)가 운영하는 서점입니다. 분키츠라는 이름은 '문화를 음미한다'(文化を喫する)는 의미를 담고 있습니다.

이름이 의미하는 바와 같이 분키츠는 책을 판매하는 유통의 역할을 넘어 책과 함께 머물고 체험하며 음미하는 새로운 형태의 서점을 지향합니다.

분키츠는 원래 도쿄의 롯폰기에 첫 번째 점포의 문을 열었습니다. 롯폰기에 위치한 분키츠의 이름은 '롯폰기 분키츠'이고, 다카나와 게이트웨이에 들어선 분키츠의 이름은 '분키츠 도쿄'입니다. 먼저 입장료를 내고 들어가면 매장 내 모든 책을 자유롭게 열람할 수 있으며 커피와 차도 무제한으로 이용할 수 있습니다. 그리고 별도의 유료 식사도 할 수 있습니다. 한마디로 하루 종일 분키츠에 머물면서 책을 즐길 수 있습니다.

하지만 분키츠가 처음 오픈할 당시에는 누가 2만 원이나 내고(오픈 당시에는 평일 입장료가 1,980엔이었음) 서점을 들어가겠느냐는 우려의 목소리가 많았습니다. 하지만 이러한 우려를 깨고 분

다카나와에 있는 분키츠 도쿄에는 10만 권에 달하는 책이 진열되어 있다. @정희선

키츠는 20~30대를 중심으로 큰 인기를 끌고 있습니다.

온라인에서 클릭 한 번으로 원하는 책을 다음 날 받아볼 수 있는 시대, 왜 이들은 굳이 입장료를 내고 서점으로 발걸음을 옮기는 것일까요?

잠시 롯폰기 매장으로 가보겠습니다. 평일 오전의 분키츠는 서점이라기보다는 세련된 북카페와 같은 느낌의 공간입니다. 일반적인 서점과는 다른 책 분류가 먼저 눈에 띕니다. 베스트셀러를 중심으로 진열하는 대형 서점과 다르게 분키츠는 판매 순위나 장르별 분류 방식을 따르지 않습니다. '책과의 우연한 만남'을 연출하기 위해 서점 직원이 직접 도서를 큐레이션 합니다. 새로운 책을 발견하는 경험을 적극적으로 설계해, 일부러 탐색을 위해 들르는 공간으로 서점을 포지셔닝한 것입니다.

방문객들은 대형 서점에서는 만날 수 없는 큐레이터의 철학, 온라인 서점의 기계적인 추천으로는 만날 수 없는 책과의 만남에 의미와 가치를 느끼고 입장료를 지불합니다. 그리고 추가로 비용을 지불할 경우, 분키츠 직원이 나만을 위해 책을 골라주는 서비스도 받을 수 있습니다. 나이, 직업과 같은 개인적인 속성에 더해 읽고 싶은 장르, 주제, 책을 읽는 목적, 최근 좋았던 책과 영화, 즐거웠던 순간 등과 같은 최근의 체험을 적어서 제출하면 좋아할 만한 책을 골라주기도 합니다.

분키츠 탄생의 배경에는 일본 출판 산업의 어려움이 자리 잡고 있습니다. 오랜 기간 서점에 책을 납품해 온 닛판은 종이책을 구입하는 사람이 줄어들고 시장이 축소하자, 기존의 도매 모델로는 한계를 느끼고, B2B에서 B2C로 방향을 틀면서 독자와 직접 만나는 실험적인 공간을 만들었습니다. 그리고 2018년

　　　　　2부 — 도쿄의 공간 개발, 직접 가본 핫 플레이스

'입장료를 내야 들어갈 수 있는 서점'이라는 콘셉트로 화제가 되었던
분키츠 롯폰기 ⓒroppongi.bunkitsu.jp

롯폰기 매장을 시작으로 후쿠오카, 나고야를 거쳐 뉴우먼 다카나와에 네 번째 매장(분키츠 도쿄)을 열었습니다. 이곳은 분키츠의 플래그십 점포로 약 1,000평의 공간에 10만 권에 달하는 장서를 갖추고 있습니다.

분키츠는 후쿠오카와 나고야의 매장을 운영하면서 마음 편히 머무르는 카페를 찾지 못해 여기저기 방황하는 '카페 난민'의 존재를 실감했습니다. 그래서 이들을 위한 제3의 공간, 즉 일하고, 만나고, 사유할 수 있는 공간을 만들고자 했고, 분키츠 도쿄에 이러한 철학을 그대로 반영했습니다. '마음이 설레는, 자유롭고 즐거운 서점'이라는 모토에 걸맞게 통로는 구불구불하게 만들었으며, 아이들이 들어갈 수 있을 만큼 큰 구멍이 뚫린 책장 등 곳곳에 머물고 싶고, 놀고 싶은 공간을 만들었습니다. 10만 권에 달하는 책을 들여놓았지만, 책을 빽빽하게 진열하지는 않았습니다.

분키츠 도쿄는 롯본기 점포와는 다르게 무료 공간을 갖추고 있습니다. 비즈니스 서적, 만화, 아동서는 무료 구역에서 볼 수 있으며 음료가 포함된 라운지 등을 이용하고 싶을 때는 입장료(60분 1,100엔, 1일 3,850엔)를 지불하면 됩니다.

분키츠 롯폰기가 조용하고 차분한 공간으로 책 속으로 깊이 빠져들고 싶을 때 방문하면 좋은 공간인 반면, 다카나와의 분키츠 도쿄는 대형 규모의 다양한 즐길 거리가 있는 서점의 테마파크 같은 느낌입니다.

일반적으로 일본 서점의 이익률은 정가의 22~23% 정도입니다. 1,000엔짜리 책이 팔려도 약 230엔의 수익밖에 남지 않습니다. 이것만으로는 인건비와 임대료를 감당하기 어려운 것이 현실입니다. 이러한 이유로 최근 많은 서점이 잡화나 카페를 병설하며 복합 공간으로 운영하고 있습니다. 이 또한 고객의 체류 시간을 늘리고자 하는 이유입니다. 분키츠는 그러한 흐름에 맞춰, '큐레이션'과 '공간'이라는 가치를 더해 한 단계 높은 차별화를 지향하고 있습니다.

분키츠 도쿄는 다카나와 뉴우먼이 미는 핵심 테넌트 중 하나로 뉴우먼의 문화적 밀도를 높이는 역할을 합니다. 동시에 고객이 꼭 무슨 물건을 구입하지 않더라도 뉴우먼에 방문할 이유를 제공합니다. 이는 최근 상업 시설 설계에 있어 매우 중요한 '체류 시간을 늘리는' 핵심 장치가 되고 있습니다.

노무라부동산의 사운을 건 시바우라 재개발
블루프론트 시바우라의 야심 찬 도전

다카나와 게이트웨이에서 그리 멀지 않은 곳에서 또 하나
의 대규모 재개발이 진행 중입니다. JR 하마마츠쵸역 인접 시
바우라(芝浦)라고 불리는 지역입니다. 이곳에는 노무라부동산
(Nomura Real Estate, 野村不動産)이 진행하는 프로젝트 '블루프론트
시바우라'가 있습니다.

하마마츠쵸 빌딩 재건축을 핵심으로 하는 이 프로젝트는 여
태까지 거주용 맨션 및 중규모의 오피스 개발을 주로 진행해 온
노무라부동산이 총 4,000억 엔(약 4조 원)이라는 거액을 투입하
는 회사의 미래를 좌우할 중대 사업입니다. 이는 노무라부동산
이 진행하는 첫 번째 대규모 도시 개발 프로젝트이기도 합니다.

노무라부동산에게 시바우라 재개발은 오랜 숙원이었습니
다. 그 첫걸음은 2008년 7월, 도시바의 자회사인 도시바부동산
을 800억 엔(8천억 원)에 인수하기로 합의하면서 시작되었습니
다. 이는 글로벌 금융 위기가 발생하기 불과 두 달 전의 일입니
다. 이후 동일본 대지진 등 예상치 못한 어려움에 직면하면서,
블루프론트 시바우라는 사업 구상부터 완전 가동까지 무려 22
년이라는 긴 시간이 소요되었습니다.

노무라부동산은 1957년 노무라증권의 자산 관리 회사로 설
립된 종합 부동산 개발 업체입니다. 주로 주거용 맨션 브랜드
인 프라우드와 중규모 오피스 빌딩 PMO 등을 주력으로 사업
을 해왔습니다. 탄탄한 자본력을 바탕으로 도시 개발에 주력하
는 미쓰비시지쇼나 미쓰이부동산과 같은 재벌 계열의 개발 업

체와는 다른 사업 전략을 추구했습니다.

최근 일본의 맨션 시장은 호황을 누리고 있습니다. 노무라부동산 또한 2024년 3월 최고 이익을 경신하는 등 탄탄한 실적을 이어가고 있습니다. 그러나 우수한 입지를 갖춘 도심의 맨션 개발이 가능한 토지는 점차 고갈되는 추세이며, 부동산 개발 업체들의 주요 경쟁 무대 또한 대규모 재개발 사업으로 이동하고 있습니다. 이러한 시장 변화에 발맞춰 노무라부동산 역시 아키하바라역 앞 재개발 사업을 추진하는 등 사업 전략의 전환을 시도하고 있습니다. 그런 점에서 블루프론트 시바우라 프로젝트는 회사의 미래를 가늠하는 중요한 시험대가 되고 있습니다.

향후 이곳에는 업무 시설, 호텔, 상업 시설, 주거 공간 등을 갖춘 높이 약 230미터의 랜드마크 복합 빌딩이 건설될 예정입니다. 2025년 2월 먼저 준공된 S동과 2030년 완공 목표인 N동, 이렇게 트윈 타워 형태로 조성됩니다. 그리고 인근에 있는 선착장의 선박 및 크루즈선의 운영을 대행하고, JR 하마마츠쵸역과 연결되는 보행자 통로를 현대적으로 개선하는 등 주변 인프라 정비도 함께 진행할 예정입니다. 결과적으로 지역 활성화에 크게 기여할 전망입니다.

N동 완공 시 전체 면적은 16만 3천 평(55만㎡)에 달합니다. 이는 미쓰비시지쇼가 건설 중인 일본 최고 높이의 빌딩 '토치 타워'에 비견될 만한 압도적인 규모입니다. 그리고 이곳에 세계적인 호텔 그룹 아코르의 고급 브랜드 '페어몬트(Fairmont)'를 유치하여 국제적인 수준의 숙박 시설을 제공할 예정이기도 합니다. 노무라부동산 그룹 역시 본사를 신주쿠에서 이곳으로 이전할 예정으로, 이 프로젝트에 대한 의지와 헌신을 엿볼 수 있습

니다.

하지만 규모가 큰 만큼, 투자는 항상 위험 요소를 수반합니다. 1990년대 중반부터 시바우라 인근 시오도메 지역에서 오피스 개발이 활발하게 이루어졌지만, 그곳에 있던 대기업들이 본사를 다른 지역으로 이전하며 공실률이 상승하고, 결과적으로 유동 인구가 감소하는 등 지역의 매력이 저하되는 악순환을 겪은 바 있습니다. 노무라부동산은 이러한 시오도메의 전철을 밟지 않기 위해 주변 지역과 유기적 연계를 강조하고 있습니다.

현재 시나가와에는 크게 3개(JR동일본이 주도하는 다카나와 게이트웨이 시티, 노무라부동산이 주도하는 블루프론트 시바우라, 세계무역센터빌딩)의 재개발 프로젝트가 진행되고 있습니다.

1970년 완공되었던 세계무역센터 빌딩도 2029년을 목표로 재건축을 진행하고 있습니다. 9층~34층에는 오피스가 들어서며, 36~46층에는 프랑스 호텔 기업 아코르가 운영하는 고급 호텔 래플즈(Raffles)가 일본에 처음 진출할 예정입니다. 그리고 저층부에는 관광 체험 시설, 의료 센터 등이 들어설 계획입니다.

노무라부동산은 시바우라라는 지역을 고립시키지 않고 주변의 재개발 지구와 적극적으로 협업하는 것을 목표로 하고 있습니다. 부동산 서비스 대기업인 미국의 존스랑라살(Jones Lang LaSalle, JLL)사는 주변 개발과 연계하면 충분히 사무실 수요를 채울 수 있을 것으로 평가합니다. 앞서 개업한 S동의 사무실은 이미 70%가 채워졌으며, 외국 기업의 문의도 계속 이어지고 있다고 합니다.

미쓰비시지쇼가 개발한 도쿄역 근처의 비즈니스 거리인 오오테마치·마루노우치·유라쿠초 지구처럼 시바우라도 많은 기업과 사람을 유치하는 도쿄의 대표 재개발 지역으로 발돋움할 수 있기를 기대해 봅니다. 동시다발적으로 진행되는 3개의 재개발이 끝나는 시점인 2030년이 기대됩니다.

9
뛰고 느끼고 만진다!
몰입형 전시를 즐길 수 있는 도쿄 만안

만안(湾岸) 지역이란 도쿄도의 주오구, 고토구 동부, 미나토구와 시나가와구 일부에 걸친 도쿄 연안의 매립지를 가리킵니다. 국제 전시장과 오다이바 해변 공원 등으로 잘 알려진 이 지역은 1990년대 이후 지속적인 재개발을 통해 주거지와 상업 시설이 속속 들어서며 눈에 띄게 변하고 있습니다. 시부야나 신주쿠처럼 관광객이 많이 몰리는 중심지는 아니지만, 새롭게 탄생하는 다양한 시설은 만안 지역의 매력을 한층 더 끌어올리고 있습니다.

특히, 몰입형 전시인 '팀랩'과 특정 테마를 중심으로 다양한 음식을 한자리에서 즐길 수 있는 음식 테마파크 '천객만래'(千客万来)는 전 세계에서 온 외국인 관광객을 끌어들이고 있습니다.

도요스 천객만래, 에도 시대의 상점가 재현

한국의 노량진 수산시장과 같은 도쿄의 츠키지 시장은 외

에도시내 거리를 재현한 목조 건물로 구성된 천객만래 ⓒ정희선

국인 관광객들에게 인기 있는 장소였습니다. 특히 새벽에 열리는 참치 경매를 보기 위해 많은 이들이 이곳을 방문했습니다. 그러나 노후화와 위생 문제로 츠키지 시장이 2018년 도요스라는 지역으로 이전하면서(빌딩 안으로 들어가는 실내형 시장으로 바뀌며, 이름도 도요스 시장으로 변경됨) 장외 시장 특유의 번잡함과 활기는 많이 줄어들었습니다.

그동안 시장의 과거 모습을 그리워하는 분들이 많았는데, 이러한 아쉬움을 달랠만한 공간이 등장했습니다. 2024년 2월, 도요스 시장 근처에 별도의 오픈형 상업 공간 천객만래(도요스 센캬쿠반라이)가 개장한 것입니다. 천객만래는 '천 명의 손님이 만 번씩 온다'는 뜻으로, 많은 손님이 번갈아 찾아오는 상황을 의미합니다.

천객만래는 원래 도쿄 올림픽 개최 전인 2019년에 완성될 예정이었지만, 코로나 팬데믹과 도쿄 올림픽의 연기 등의 이유로 4년이나 늦게 선보였습니다. 완성 전부터 도쿄 시민들의 기

     2부 — 도쿄의 공간 개발, 직접 가본 핫 플레이스

에도 시대의 거리를 재현한 목조 건물들 ⓒ정희선

천객만래 온욕동 8층에는 방문객이 무료로 이용할 수 있는 족욕 정원이 있다.
ⓒ정희선

대를 한 몸에 받았던 이곳은 에도 시대의 거리를 재현한 목조 건물들로 꾸며져 있습니다. 입구에 들어서는 순간 마치 시대를 거슬러 올라간 듯한 느낌을 받습니다. 그리고 초밥, 장어, 해산물 덮밥, 몬자야키 등 일본을 대표하는 음식을 먹을 수 있습니다.

천객만래는 식당(식락동)과 온천(온욕동), 크게 두 구역으로 나뉩니다. 지하 1층에서 지상 2층까지는 약 70개의 레스토랑과 식재료 점포가 들어서 있고, 지상 3층부터 10층까지는 다양한 온천 시설이 자리하고 있습니다. 이곳의 온천은 가나가와현 하코네와 유가와라 온천에서 가져온 온천수를 사용하고 있으며, 도쿄의 해안가를 전망할 수 있는 전망탕, 대욕장, 노천탕, 사우나 등을 갖추고 있습니다. 긴 연휴 기간인 골든위크 동안 방문해 보니, 일본의 노령층뿐만 아니라 외국인 관광객도 많이 보였습니다.

에도 시대 느낌이 물씬 풍기는 공간에서 다양한 종류의 일본 음식을 즐기는 특별한 경험은 일부러 시간을 내서 방문할 만한 가치가 충분합니다. 도요스 수산시장과 함께 자리 잡고 있어 해산물 식재료를 사기에도 좋으며, 음식과 온천을 동시에 즐길 수 있는 곳이기도 해서 하루 종일 머물러도 지루할 틈이 없는 공간입니다.

이머시브 전시의 선구자, 팀랩

'이머시브'(immersive, 몰입)라는 단어를 들으면 VR(가상현실) 기기를 착용하고 가상 세계를 즐기는 이미지를 떠올리는 사람이 많을 것 같습니다. 하지만 이제는 그 개념이 온라인을 넘어 현실로 확장되고 있습니다. 일본에서는 최근 물리적 공간에 3D 영상, 음악, 조명, 향기 등 오감을 자극하는 장치를 결합해 콘텐츠에 깊이 빠져들게 만드는 '이머시브 체험 공간'이 확산 중입니다. 그중에서도 팀랩(teamLab)은 일본을 넘어 세계적으로 몰입형 전시를 유행시켰습니다. 도요스는 팀랩의 전시장이 위치한 곳이기도 합니다(아자부다이 힐즈에도 팀랩 전시관이 있습니다).

팀랩은 미디어 아티스트 그룹입니다. '경계 없는 아트 뮤지엄'(Borderless Art Museum)이라는 비전 아래 아티스트, 프로그래머, 엔지니어, CG 애니메이터, 수학자, 건축가 등 다양한 분야의 전문가들로 구성된 예술 집단입니다. 이들은 디지털 기술을 활용하여, 고정된 작품이 아닌 관람객의 움직임에 따라 실시간으로 변화하는 예술을 선보였습니다.

팀랩은 어떻게 이러한 독창적인 전시를 시작하게 되었을까요? 팀랩의 창립자인 이노코 도시유키(猪子寿之)는 원래 공학과 프로그래밍을 전공한 개발자였습니다. 그는 기술이 삶을 효율적으로는 만들지만, 감동이나 감성을 전하지는 못한다는 점에 주목했습니다. 그리고 예술도 일부 계층만 접근할 수 있는 어려운 세계가 되어가는 현실에 의문을 품었습니다. 이에 기술과 예술의 경계를 허물고, 더 많은 사람이 직관적으로 감상하고 몰입할 수 있는 새로운 체험형 전시물을 만들고 싶다며 '몰입형 디지털 아트'라는 것을 구상했습니다.

전시장에서 관람객은 몸을 움직이며 작품 안을 걸어 다니고, 손으로 만지거나 물속에 발을 담그며, 사운드와 향기까지

몰입형 전시인 팀랩 '플래닛'은 세계에서 가장 인기 있는 전시 중 하나이다.
ⓒ teamLab

체험합니다. 관람객들은 신발을 벗고 물이 흐르는 공간을 걷거
나, 무수한 빛의 입자들이 쏟아지는 듯한 공간을 온몸으로 느끼
는 등 현실과 비현실의 경계를 허무는 감각적인 경험을 할 수
있습니다. 전시는 시각뿐만 아니라 촉각, 청각 등 다양한 감각
을 자극하는 요소를 통합적으로 활용하여 마치 관람객인 내가
작품의 일부가 되는 것 같은 몰입형 경험을 할 수 있습니다. 또
한 작품은 관람객의 움직임에 따라 실시간으로 변화하기 때문
에 같은 전시라도 개개인의 경험에 따라 다르며, 방문할 때마다
다른 느낌을 받을 수 있다는 특징을 갖고 있습니다.

　팀랩이 도요스에서 운영하는 전시인 '플래닛'(Planets)은
2023년 4월부터 2024년 3월까지 250만 명이 넘는 사람을 불러
모았습니다. 최근에는 세계에서 가장 많은 관람객이 방문한 박

　　　2부 — 도쿄의 공간 개발, 직접 가본 핫 플레이스

물관이라는 세계 기록을 세웠습니다. 총 4개의 메인 공간과 2개의 정원으로 구성되어 있으며, 각각은 자연, 우주, 인간 감각 사이의 관계를 주제로 합니다.

몰입형 전시는 특히 젊은 세대에게 인기가 높습니다. SNS를 통해 자신의 경험을 공유하는 것을 즐기는 이들에게 '인생 샷'을 남기기 좋은 공간으로도 유명합니다. 형형색색의 빛과 움직이는 패턴, 거울과 물의 반사 효과 등은 시각적으로 강렬하고 인상적인 이미지를 만들어냅니다.

세계 최초의 몰입형 테마파크, 이머시브 포트 도쿄

도요스에서 유리카모메라는 전철을 타고 약 10분 정도 달리면 또 하나의 몰입형 테마파크가 등장합니다. 하지만 이곳은 팀랩과 다르게 디지털이 아닌 스토리로 관객을 몰입시키는 곳입니다. 바로 도쿄 오다이바에 들어선 '이머시브 포트 도쿄'(Immersive Fort Tokyo)입니다.

"들었어? 2시에 'B코마치'가 유럽 투어로 우리 마을에 온대! 굉장하지 않아?"

테마파크를 들어서자, 마치 유럽의 한 마을과 같은 거리가 펼쳐지고, 중세 유럽의 복장을 한 테마파크의 스태프가 말을 건넵니다. 공간에 들어선 순간 방문객은 가상의 마을에 사는 주민이 된 것 같은 기분을 느낍니다. 마을 곳곳에서는 다양한 몰입형 쇼가 진행됩니다. 예를 들어 〈더 셜록〉은 명탐정 셜록 홈스가 용의자를 쫓으며 관객들이 스토리에 참여하여 함께 수수

이머시브 포트 도쿄에서는 관객이 참여함으로써
스스로 스토리를 만들어 나가는 체험을 한다. ⓒ정희선

께끼를 풀거나 등장인물을 쫓아다니며 스토리에 몰입하는 90분짜리 쇼입니다. 〈에도 오이란 기담〉에서는 200년 전 에도 시대로 거슬러 올라가, 100개 이상의 스토리와 등장인물을 만날 수 있습니다. 넷플릭스 시리즈인 〈앨리스 인 보더랜드〉(Alice in Borderland)를 배경으로 만든 〈이머시브 데스 게임〉에서는 폭탄을 목에 달고 살아 남기 위한 게임을 합니다. 그리고 인기 애니메이션인 〈최애의 아이〉에 등장하는 아이돌 그룹인 'B코마치'가 콘서트를 엽니다.

이머시브 포트 도쿄는 세계 최초 몰입형 테마파크라고 자칭합니다. 범죄 현장의 목격자, 파티의 주인공, 독약 살인자, 테러리스트 등 다양한 설정 속에 관객이 어떻게 참여하느냐에 따라 체험과 결말이 달라집니다.

이곳은 원래 비너스 포트(Venus Fort)라는 쇼핑몰이 폐장한 자리에 들어섰습니다. 비너스 포트는 한때 중세 유럽의 거리를 그대로 재현한 콘셉트로 화제가 되며 인기를 끌었지만, 코로나 이후 방문객이 급감하며 결국 문을 닫게 되었습니다. 쇼핑몰의 유럽풍 인테리어를 그대로 활용하되 여기에 스토리를 입혀 몰입형 테마파크로 전환한 것입니다.

이머시브 포트 도쿄를 운영하는 주식회사 카타나의 대표 모리오카 츠요시(森岡毅)는 망해가던 유니버설 스튜디오 재팬을 활성화시킨 인물이기도 합니다.

"기존의 테마파크는 어트랙션이라는 '장치'를 통해 그 자리에 있는 모든 사람이 획일적인 경험을 할 수 있도록 설계되었습니다. 물론 이것도 좋지만, 그보다 더 자극적인 엔터테인먼트가 있습니다. 나만 아는 순간, 나만 아는 이야기가 나를 주인

공으로 진행되는 것입니다. '체험'을 넘어 '경험'이 되는 거죠."
(카타나 대표 모리오카 츠요시의 닛케이 신문 인터뷰)

기존의 테마파크 방문객은 하드웨어(놀이기구)에 몸을 싣고 수동적으로 즐깁니다. 하지만 이머시브 포트 도쿄에서는 놀이기구라는 하드웨어는 존재하지 않습니다. 대신 '스토리'를 이용해 정밀하게 설계된 세계로 관객을 초대합니다. 관객이 스스로 움직이고 참여하여 적극적으로 세계관 속으로 빠져든다는 점에서 진정한 몰입을 경험하게 됩니다.

앞서 소개한 도요스의 천객만래 또한 몰입형 경험의 요소를 도입한 곳입니다. 이러한 몰입형 공간은 앞으로 엔터테인먼트를 넘어 레스토랑, 상업 시설, 미술관, 박물관 등으로 계속 확산할 것으로 전망됩니다. 또한 몰입형 경험은 언어가 필요 없는 경우도 많기에 국경을 뛰어넘어 인기를 얻을 수 있다는 장점도 있습니다.

사람들이 왜 몰입형 경험에 열광하는 걸까요? 스마트폰으로 수동적으로 콘텐츠를 시청하는 시간이 느는 지금, 역설적으로 자신이 주인공이 되어 오감으로 느끼며 몰입하는 비일상적인 경험은 그동안 잘 느낄수 없었던 신선함을 주기 때문입니다. 또한 수많은 정보에 둘러싸인 현대 사회에서 뇌를 비우고 오로지 감각에만 의존해 체험하는 공간은 힐링의 느낌을 주기도 합니다.

소유보다 경험을 중시하는 소비 트렌드가 확산하면서 사람들은 특별하고 기억에 남는 경험에 기꺼이 투자합니다. 몰입형 전시는 일상에서 벗어나 새로운 세계에 빠져드는 강렬한 경험을 제공하며, 단순한 관람 이상의 가치를 제공합니다.

10
도쿄에 질 수 없다,
글로벌 도시로 도약하는 오사카

2023년 9월 6일, JR 오사카역 앞. 이른 아침부터 약 600명의 시민이 줄을 섰습니다. 일본 전역에서 기자들 또한 모여들었습니다. 새롭게 개장한 우메키타(うめきた) 공원 때문입니다. 시민들은 이 거대한 공원에 들어가기 위해, 기자들은 공원을 취재하기 위해 JR 오사카역 앞에 모였습니다.

JR 오사카역 주변은 흔히 간사이 지역의 마지막 일등지로 불립니다. 중요한 교통 허브 중 하나인 오사카역 주변에는 총사업비 약 6천억 엔(약 6조 원)이 투입된 대규모 재개발 프로젝트 '그랜드 그린 오사카'가 진행 중입니다. 그런데 이번 재개발의 중심에는 흔히 예상할 법한 상업 시설이나 오피스 빌딩이 아닌 녹지가 풍부한 공원이 자리하고 있습니다.

도심 한복판에 공원을 중심으로 한 재개발이라니, 흔한 일은 아닙니다. 왜 공원이 개발의 중심이 되었을까요? 이 선택은 향후 도시와 지역에 어떤 영향을 미칠까요? 지금부터 살펴보겠습니다.

화물역에서 복합단지로, 오사카역 재개발의 시작

오사카는 일본에서 두 번째로 큰 도시입니다. 오사카역의 재개발은 2013년 복합 시설인 '그랜드 프론트 오사카'가 개장하며 본격적으로 시작되었으며, 현재도 개발이 진행 중입니다. 이 지역은 원래 약 17만m^2 규모의 화물 철도와 물류 시설이 자리하던 곳으로 일본 물류의 핵심 거점이었습니다.

1928년에 설립된 우메다 화물역은 철도가 물류 운송의 주요 수단이던 시기에 일본 최대 화물역으로 기능했습니다. 하지만 트럭 운송이 일반화되면서, 화물 철도의 수요가 급격히 줄어들어 결국 1987년에 폐쇄되었습니다. 이후 해당 부지를 매각하려는 시도가 있었으나, 일본 버블 경제의 붕괴로 재개발은 15년 동안 지연되며 방치되다시피 했습니다.

이 지역의 개발 지연에 대한 우려가 커지자, 간사이 지역 경제인들로 구성된 간사이 경제동우회가 나서서 재개발 프로젝트를 촉진하기 시작했습니다. 그리고 그 결과 약 7만m^2 규모의 부지를 중심으로 민간사업자가 주도하는 재개발 1기가 시작되었습니다. 이 프로젝트의 결과물이 바로 그랜드 프론트 오사카입니다. 상업 시설, 오피스, 호텔, 주거용 맨션 등이 포함된 복합단지입니다.

그랜드 프론트 오사카는 지역 주민과 관광객을 포함해 많은 방문객을 유치하며 성공적인 재개발 사례로 평가받았습니다. 그러나 한계도 분명했습니다. 민간이 주도하다 보니 상업성이 최우선이었고, 결과적으로 공원과 녹지 부족의 문제가 심화된다는 우려가 제기되었습니다. 다른 대도시에 비해 녹지가 부

     2부 — 도쿄의 공간 개발, 직접 가본 핫 플레이스

오사카의 성공적인 재개발 사례인 그랜드 프론트 오사카
ⒸGRAND FRONT OSAKA

족한 오사카는 추가 개발이 이뤄질수록 빌딩 숲으로만 채워질 가능성이 높아 보였습니다.

이러한 우려가 커지면서 오사카역의 남은 재개발 부지는 녹지를 중심으로 설계하자는 목소리는 점차 커졌습니다. 전환의 필요성을 뒷받침한 사례가 도쿄의 시오도메 재개발 프로젝트입니다. 도쿄의 화물 터미널이었던 시오도메는 2007년 재개발되었으나, 개별 빌딩 위주의 설계로 일관성이 부족하다는 비판을 받았습니다. 이는 오사카의 재개발 2기가 시작될 때, 일관된 설계와 함께 녹지 조성을 포함해야 한다는 공감대를 형성시키는 계기가 되었습니다.

그리고 2011년에 발생한 동일본 대지진도 '그린 오사카' 콘셉트에 힘을 실어주었습니다. 오사카에 대지진이 발생할 경우

도로를 사이에 두고 공원이 남북의 대지를 연결하는 '그랜드 그린 오사카'.
©umekita.com

피난처가 부족하다는 문제가 제기되었는데, 공원이 이 역할을 할 수 있다는 점이 주목받았습니다. 그래서 새롭게 개장한 우메키타 공원은 재난을 대비하는 기능을 고려하여 설계되었습니다. 예를 들어, 맨홀의 뚜껑을 열면 긴급 화장실로 사용할 수 있는 시설이 포함되는 등 유사시 피난처로 활용되는 설계가 적용되었습니다.

공원 안에 도시를 설계하다, 그랜드 그린 오사카 프로젝트

일본의 부동산 회사 미쓰비시지쇼의 지휘 아래 그랜드 그린 오사카 프로젝트는 2027년 완공을 목표로 한참 공사가 진행 중입니다. 2024년 9월에 공원과 일부 호텔, 복합 빌딩이 먼저 공개되었는데, 이를 보게 되면 오사카가 지향하는 도시 재개발의 방향성을 엿볼 수 있습니다.

　　　　　2부 ― 도쿄의 공간 개발, 직접 가본 핫 플레이스

일본의 건축가 유닛 SANAA가 설계한 은빛 지붕 ⓒumekita.com

"도시 안에 공원을 만드는 것이 아니라, 공원 안에 도시를 만든다."

이 문구는 그랜드 그린 오사카의 설계 철학을 가장 잘 드러내는 말입니다. 새롭게 개장한 우메키타 공원은 약 1만 3,600평(약 4만 5,000㎡)의 크기로, 프로젝트 전체 면적의 절반에 해당하며, 터미널과 직결된 도심 공원으로는 세계 최대 규모를 자랑합니다.

개발의 핵심 콘셉트는 '오사카 미도리 라이프'(Osaka MIDORI LIFE)로, 녹색(미도리)을 삶의 중심에 두겠다는 비전을 담고 있습니다. 이를 실현하기 위해 약 320종의 1,600그루의 나무를 심었으며, 연못과 인공 수로 같은 수경 요소를 공원 곳곳에 배치했습니다. 공원이 문을 연 지, 얼마 안 되는 평일임에도 많은 사람들이 발목까지 찰랑거리는 물속을 거닐며 9월의 늦더위를 식히는 모습은 이 공원의 가치를 잘 보여줍니다.

그랜드 그린 오사카 내 우메키타 공원의 모습 ⓒGGN

설계의 중심에는 '랜드스케이프 퍼스트'(Landscape First)라는 개념도 있습니다. 이는 자연 환경과 주변 경관을 우선으로 고려하여 도시를 설계하는 접근 방식입니다. 그랜드 그린 오사카는 부메랑 모양의 부지 중심에 공원을 배치하고, 주변에 건물을 배치하는 방식으로 조경을 계획했습니다. 대부분의 건물은 정사각형 평면을 기본으로 하며, 이를 엇갈리게 겹쳐 배치해 시각적 다양성을 더했습니다.

그랜드 그린 오사카 프로젝트에서 단연 눈길을 끄는 요소 중 하나는 은빛의 대형 지붕입니다. 이 지붕은 건축계의 노벨상이라 불리는 프리츠커상을 수상한 세계적인 건축가 유닛 SANAA가 설계를 맡았습니다. 120m에 달하는 지붕 아래에는 약 450평에 달하는 넓은 이벤트 공간이 있고, 그 앞의 약 1,200평 규모의 잔디 광장을 활용하면, 1만 명 규모의 행사도 가능합니다. 그리고 오사카역과 연결된 공원을 관통하는 보행자 테크

  2부 — 도쿄의 공간 개발, 직접 가본 핫 플레이스

'히라메키의 길'은 공원의 남북을 연결할 뿐만 아니라 방문객에게 공원 전체를 내려다보며 걸을 수 있는 경험을 제공합니다.

미쓰비시지쇼의 그랜드 그린 오사카을 담당한 신바야시 유이치 씨는 경관 디자인에 대해 닛케이 신문과의 인터뷰에서 이렇게 말했습니다.

"부지 전체를 하나의 녹색 대지로 보고 그 위에 건물을 하나하나 배치해 매끄럽게 일체화되도록 디자인했다."

현재 공원의 일부는 아직 공사 중이지만, 2027년 봄에는 전체가 완공될 예정입니다.

혁신을 만드는 장소, 잼 베이스와 VS.

그랜드 그린 오사카는 '미도리와 혁신의 융합'이라는 비전도 갖고 있습니다. 이를 위해 '잼 베이스'(JAM BASE)라는 공간을 만들었습니다. 이곳은 기업, 대학, 연구 기관, 스타트업, 벤처캐피탈, 대학생 등이 모여 새로운 아이디어를 내고 사업화를 추진하는 곳입니다. 가구가 구비된 임대 사무실뿐만이 아니라 회원 간 교류 공간, 코워킹 스페이스 등 다양한 용도와 크기의 방을 적층으로 배치했습니다. 스타트업과 벤처캐피털이 입주할 예정이며, 교류와 협업이 활발히 이루어질 수 있도록 설계했습니다.

잼 베이스 내에서 특히 주목받는 시설은 건축가 안도 다다오(安藤忠雄)가 설계 감수를 맡은 전시 공간 'VS.'입니다. VS.는 '비전(Vision)을 실현하는 스테이션(Station)'이라는 의미를 담고 있습니다. 그리고 우리가 흔히 알고 있는 대립(Versus)의 의미도

기업, 대학, 스타트업 등을 위한 오피스 공간 잼 베이스 ⓒumekita.com

지상의 공원 경관을 해치지 않기 위해 지하에 매립한 전시 공간 VS.
안도 타다오가 설계 감수를 맡았다. ⓒumekita.com

있습니다. 이는 기술과 인문학, 전통과 현대, 국내외 문화 등 서로 다른 요소들을 대립시켜 새로운 가치를 만든다는 표현이기도 합니다.

무엇보다 VS.는 공원의 경관을 고려해 공간을 지하에 매립한 점이 돋보입니다. 3개의 스튜디오가 있는데, 이 중 스튜디오 A는 천장이 15m에 달해 대형 작품을 전시할 수 있고, 몰입감 있는 영상의 상영이 가능합니다. 높은 천장고로 인해 상부가 지상으로 돌출되어 있지만, 다른 스튜디오 두 곳은 천장 높이를 낮추어(4.5m, 3m) 설계하여 지하에 묻혀 있습니다.

두 스튜디오를 지하로 깊게 파묻은 이유는 스튜디오 위에 흙을 두껍게 쌓아 올려 지상에 심은 초목의 뿌리가 크게 뻗어 자랄 수 있는 환경을 고려한 것입니다. 여기서도 '랜드스케이스 퍼스트' 철학을 중시한 것을 엿볼 수 있습니다. 향후 이곳에서는 다양한 기획전이나 이벤트가 개최될 예정입니다.

공원과 조화를 이루는 호텔, 오피스, 상업 시설

공원이 중심이 되는 재개발이지만 그랜드 그린 오사카에는 상업 시설과 호텔, 오피스 공간도 함께 자리하고 있습니다. 이 프로젝트에는 총 3개의 호텔과 약 1,000개의 객실이 포함되어 있습니다.

그 첫 번째로 '캐노피 바이 힐튼 오사카 우메다'(Canopy by Hilton Osaka Umeda)가 2024년 9월에 개장했습니다. 그동안 오사카는 고급 호텔이 부족하다는 평가를 받아왔는데, 이를 보완하기 위해 2025년 봄에 남관 파크타워의 최상층에는 힐튼 호텔 체인의 고급 브랜드인 월도프 아스토리아가 들어섰습니다. 또한 호텔 한큐 그랜드 리스피아 오사카도 새롭게 개업을 준비 중입니다.

호텔뿐만이 아니라 대규모 오피스 공간도 조성됩니다. 남쪽 임대 동에는 총면적 약 3만 4천 평 규모의 오피스가 들어설 예정으로, 정식으로 오픈하기 전임에도 약 75%의 임차인이 이미 확보되었다고 합니다. 그리고 이곳으로 농기계 대기업 쿠보타가 본사를 이전할 예정이며, 자동차 기업 혼다는 이곳에 소프트웨어 개발 거점을 마련할 계획입니다.

그랜드 그린 오사카의 상업 시설은 북관 빌딩, 남관 빌딩, 그리고 공원 내 시설 등 총 세 곳에 분산 배치되어 있습니다. 2025년 9월 일부 상점이 먼저 개장했으며, 이들 모두 그린 오사카 콘셉트와 조화를 이루는 독특한 매력을 선보이고 있습니다.

눈에 띄는 매장 중 하나는 '물과 녹색을 보다 가깝게'라는 콘셉트를 가진 식물 전문점 '가든스 우메키타'(Gardens Umekita)입니다. 약 600종류의 관엽식물, 100종류의 수초 그리고 250종류의 열대어를 취급합니다. 방문객들은 단순히 식물을 구매하는 것을 넘어, 자연과 교감하며 새로운 생활 방식을 배우는 기회를 얻게 됩니다. 또한 이로도리미도리가 운영하는 '킵 그린'(Keep Green)은 초보자도 쉽게 키울 수 있는 식물을 판매하며, 식물 전문가가 재배 방법을 가르쳐 줍니다. 이 외에도 간사이 최대 규모의 도심형 스파를 포함한 다양한 상업 시설이 2025년 봄부터 2027년까지 차례대로 공개될 예정입니다.

공원이 중심이 된 재개발, 경제적 가치는?

공원이 주역이 되는 재개발을 접하며 자연스레 의문이 생깁니다. 녹지가 많아진다는 것은 분명 긍정적이지만, 경제적으로 타당성이 있는 걸까? 오사카역과 직결되는 좋은 입지라면, 상업 시설에 더 많은 투자를 하는 것이 더 큰 경제적 이익을 얻는 것은 아닐까?

공원을 조성하고 유지하려면 큰 비용이 들어갑니다. 나무와 녹지를 관리하고 보안을 강화해야 하며, 청소와 유지보수에도 많은 자원이 필요합니다. 그러나 전문가들은 장기적으로 공원이 더 큰 경제적 효과를 가져올 것으로 기대하고 있습니다.

오사카는 우메키타 공원을 뉴욕의 센트럴 파크와 같은 세계적 명소로 만드는 것을 목표로 하고 있습니다. 뉴욕, 시카고, 런던 등 세계적인 도시들은 도심이나 주요 터미널 근처에 거대한 공원을 두어 도시의 품격을 높이고 있습니다. 우메키타 공원 역시 이러한 사례를 따를 것입니다.

그리고 2025년 오사카는 또 하나의 중요한 이벤트를 맞이했습니다. 바로 '오사카 간사이 엑스포'입니다. 약 2,900만 명이 방문한 이 글로벌 행사는 국내외 관광객들에게 오사카의 매력을 알리기에 더없이 좋은 기회였습니다. 엑스포에 맞춰 그랜드 그린 오사카의 남관도 완공되었습니다.

그랜드 그린 오사카 근처의 새로운 빌딩들

그랜드 그린 오사카 외에도 오사카역 주변은 새로운 빌딩들로 활기를 더해가고 있습니다. JR 오사카역 서쪽 지역에는 오피스와 상업 시설이 포함된 이노게이트 오사카가, 오사카 중앙 우체국 부지에는 JP 타워 오사카와 그 내부의 상업 시설인 킷테 오사카가 들어섰습니다.

이노게이트 오사카는 지상 2~5층에 약 50개의 음식점이 밀집한 바루치카를 선보이며, 주변에서 일하는 30대 후반부터 50대 남성을 타깃으로 한 이자카야와 꼬치구이 전문점으로 큰 인기를 끌고 있습니다. 그리고 JP 타워 오사카의 킷테 오사카는 일본 각지의 특산물을 판매하는 안테나 숍들이 입점해 있어 일본 전국의 먹거리를 한자리에서 즐길 수 있는 공간으로 주목받고 있습니다.

이 지역의 세 가지 주요 시설인 그랜드 그린 오사카, 이노게이트 오사카, JP 타워 오사카는 보행자 데크로 서로 연결되어 있습니다. 방문객들은 한 장소에 머무르지 않고 자연스럽게 주변 시설을 오가며 오사카역에서 더 많은 시간을 보낼 수 있습니다. 이는 방문객의 체류 시간 증가와 지출 금액 상승으로 이어질 것입니다.

도쿄를 넘어, 간사이를 위한 도약

일본은 도쿄를 중심으로 개발이 집중되는 경향이 있어 이

　　　　2부 — 도쿄의 공간 개발, 직접 가본 핫 플레이스

에 대한 우려의 목소리가 높습니다. 실제로 일본 GDP에서 간사이 지역이 차지하는 비중은 1970년대 20%에 달했으나, 2000년대 이후에는 15%로 감소했습니다. 새롭게 태어나는 오사카역이 간사이 지역의 GDP 비중을 높일 수 있을까요? 우메키타 공원을 품은 그랜드 그린 오사카가 세계에 자랑할 만한 도시로 오사카를 업그레이드하도록 도와줄 수 있을까요? 아직 그 해답을 찾기에는 이르지만 오사카를 방문할 가치는 충분히 있는 것 같습니다.

오늘 소개해 드린 오사카역 주변에서 먹고 마시고 쇼핑하다가 우메키타 공원까지 돌아보려면 하루가 부족할 것 같습니다. 최근 몇 년간 빠르게 바뀌고 있는 오사카역, 직접 방문해서 그 활기와 변화를 체감해 보는 것은 어떨까요?

11
2030년,
도쿄 버전 2의 모습은?

시작하는 글에서 언급한 것처럼 지금 도쿄는 '대개조'라고 불릴 정도로 전례 없는 규모의 재개발이 한창입니다. 지난 5년간 도쿄 곳곳에 새로운 복합 빌딩이 들어서며 스카이라인이 바뀐 것처럼, 5년 뒤인 2030년에는 지금과 또 다른 모습일 것입니다.

현재 진행 중인 재개발 사업 중에는 아자부다이 힐즈와 도라노몬 힐즈의 개발비를 뛰어넘는 대형 프로젝트도 존재합니다. 앞으로 5년 뒤 도쿄의 주요 스팟의 모습은 어떻게 변화할까요? 감히 '도쿄 버전 2'라고 이름 붙인 그 모습을 살짝 미리 엿보도록 하겠습니다.

도쿄의 스카이라인을 다시 쓰다, 토치 타워

이 책에서 가장 먼저 소개한 도쿄역 주변이 다시 한번 진화합니다. 2027년, 도쿄역 북쪽에 일본의 새로운 랜드마크가

   2부 — 도쿄의 공간 개발, 직접 가본 핫 플레이스

완공 후 일본에서 가장 높은 빌딩이 될 예정인 토치 타워 ©Mitsubishi Jisho Design

돌체스터 콜렉션의 로비인 스카이 힐 조감도 ©Mitsubishi Jisho Design

탄생하는데요, 미쓰비시지쇼가 주도하는 '도쿄 토치'(TOKYO TORCH)라는 이름의 프로젝트입니다. 사무실 중심의 업무 공간인 토키와바시 타워는 2021년 6월 완공되었고, 프로젝트의 핵심이자 상징인 토치 타워는 2028년 3월 완공될 예정입니다. 완공이 되면 높이 약 390미터, 지상 63층으로 2025년 현재 일본에서 가장 높은 빌딩인 아자부다이 힐즈의 모리 JP 타워(330m)를 제치고 일본에서 가장 높은 빌딩이 됩니다.

앞에서 소개한 바와 같이 미쓰비시지쇼는 1998년 마루노우치 지역의 재개발에 착수했습니다. 그리고 약 10년 단위로 도쿄역 일대에 고층 빌딩을 잇달아 건설해 오고 있습니다.

재개발을 단계별로 나누어 보면, 제 1단계는 2002년에 완공된 마루노우치 빌딩과 2007년에 완공된 신마루노우치 빌딩 등으로 도쿄역 앞의 건물을 교체한 것입니다. 제 2단계는 마루노우치 니주바시 빌딩 등 오오테마치 지역의 건물 교체입니다. 그리고 제 3단계는 도쿄역 북쪽 지역의 토키와바시 지역에 복합 상업 빌딩을 건설하는 것입니다. 미쓰비시지쇼는 이 계획을 '마루노우치 NEXT(넥스트) 스테이지'라는 이름으로 명명하고 있습니다.

"최근의 가치관이나 기술의 진화는 매우 빠르다. 중장기적인 비전을 가지고 있으면서도, 항상 시대에 맞춰 진화해 나간다는 의미를 담아, 일부러 제3단계가 아닌 '넥스트'라고 이름 붙였다."라고 미쓰비시지쇼의 요시다 준이치(吉田 淳一) 대표가 말했습니다.

미쓰비시지쇼가 미래를 선도한다는 의미를 담아 만든 토치 타워는 사무실, 상업 시설, 2,000석 규모의 대형 홀, 고급 호텔,

전망대 등 다양한 기능이 결합되어 있는 복합 공간입니다. 저층부에는 쇼핑 공간과 이벤트 홀이 배치되며, 그 위에는 최첨단 오피스와 고급 임대 주택이 들어설 예정입니다.

그리고 럭셔리 호텔 운영사로 세계적인 명성을 지닌 영국의 돌체스터 컬렉션이 이곳에 아시아 최초로 진출, 최상급 호텔을 선보일 예정입니다. 특히 '스카이 힐'(SKY HILL)이라는 이름으로 만들어지는 돌체스터 콜렉션의 로비는 지상 55층, 높이 300m에 마치 공중에 떠 있는 숲을 걷는 듯한 느낌을 연출한다고 합니다. 그리고 건물 앞으로는 약 2,100평 규모의 대형 광장이 조성되어 이벤트, 야경 감상, 도심 속 휴식 공간으로 활용될 예정입니다.

토치 타워 프로젝트는 단순히 빌딩 하나에 그치지 않습니다. 도쿄의 도시 경관을 바꿀 뿐만 아니라 일본의 경제와 문화 중심지로서의 입지를 더 강화하는 랜드마크가 될 것입니다.

물의 도시로 다시 태어나다, 니혼바시

이번에는 토치 타워에서 도보로 약 15분~20분 정도 걸리는 니혼바시(日本橋) 지역으로 가보겠습니다. 니혼바시는 '일본의 다리'라는 뜻으로 에도 시대 도쿄의 상업 중심지였습니다. 이곳은 전국으로 이어지는 도로가 시작되는 곳이었으며, 교통과 물류의 요충지였습니다. 이러한 지리적 이점 때문에 자연스럽게 상점, 도매상, 금융업이 발전한 곳입니다. 그리고 니혼바시에 본거지를 두고 있던 옷감을 팔던 상점들이 점차 백화점 형태로 진화하였기에 일본 백화점 대부분이 니혼바시에 본점을 두고 있습니다.

니혼바시 지역은 2004년부터 조금씩 개발이 진행되고 있습니다. 미쓰비시 관련 회사들이 도쿄역 주변에 몰려 있는 것과 비슷하게, 미쓰이 관련 기업들이 니혼바시 근처에 많으며, 자연스럽게 니혼바시 지역은 미쓰이부동산이 개발을 주도하고 있습니다.

미쓰이부동산은 2004년 '코레도 니혼바시', 2025년 '니혼바시 미쓰이 타워', 2010년 '코레도 무로마치', 2019년 '코레도 무로마치 테라스'라는 상업 시설을 순차적으로 개업하였습니다. 미쓰이부동산은 새로운 상업 시설을 준비하면서 기존의 쇼핑몰과 어떻게 차별화할 것인지를 많이 고심했습니다. 니혼바시 반경 5킬로미터 내에 쟁쟁한 대형 상업 시설이 계속해서 들어서고 있기 때문입니다.

그런 고민의 일환으로 2019년 코레도 무로마치 테라스를 오픈하면서는 대만의 복합 상업 시설인 성품생활(誠品生活, 세이힌세이카츠)을 입점시켰습니다. 성품생활은 일본의 츠타야 서점이 다이칸야마 점을 준비할때 참고로 했을 정도로 1990년대 말부터 앞선 감각을 선보인 곳으로 유명합니다. CNN이 '세계에서 가장 쿨한 백화점'이라고 칭찬을 한 곳이기도 합니다. 실제로 성품생활은 코레도의 쇼핑몰 집객에 크게 기여했다고 합니다.

니혼바시를 가로지르던 수도 고속도로(도쿄와 그 주변 수도권을 연결하는 고가 고속도로)도 지하로 이전될 예정입니다. 완공 시기는 2035~40년경으로 아직은 먼 미래의 이야기이지만, 한 장의 미래 조감도 이미지와 설명은 미쓰이부동산의 니혼바시 재생 계

 　　　　2부 — 도쿄의 공간 개발, 직접 가본 핫 플레이스

수도 고속도로가 지하로 이전한 뒤
하천을 복원한 니혼바시의 미래 조감도
ⓒMitsui Fudosan

획의 청사진을 보여주기에 충분합니다.

"수도 고속도로가 지하로 이전되고, 니혼바시강 상공에 푸른 하늘이 펼쳐집니다. 수질이 개선된 강을 수많은 배가 오가고 있습니다."

니혼바시는 앞서 언급한 것처럼 도쿄 교통의 중심지입니다. 이에 여러 노선이 겹쳐져 지나가고 있습니다. 그중에서도 특히 고가 도로가 복잡하게 얽혀 있습니다. 특히 니혼바시 다리 바로 위를 수도 고속도로가 지나가고 있습니다. 1960년대 경제발전과 함께 자동차가 빠르게 증가하고, 도쿄 올림픽이 개최되면서 땅값이 비싸진 도쿄 도심에 빠르게 도로를 만들기 위해 니혼바시강을 따라 건설된 것입니다.

하천 위로 도로를 놓으면 토지 보상 비용이 적고 도시 중심부를 가로지를 수 있어서 도시 고속도로 건설에 유리했습니다. 그때는 도시 미관보다는 실용성과 속도를 우선할 수밖에 없었습니다. 하지만 이후 도시의 경관을 해친다는 비판이 계속 재기되었고, 2020년대 들어서 고속도로를 지하로 만들자는 프로젝트가 본격적으로 추진되었습니다. 결국 고속도로를 지하로 이전하고 그 위를 하천과 도보 공간으로 복원하기로 했습니다.

고속도로가 지하로 옮겨지면, 도쿄 한복판에 폭 약 100미터, 길이 약 1,200미터에 이르는 광대한 수변 공간이 탄생하게 됩니다. 강을 끼고 상업 점포와 광장, 사무실, 호텔 등을 복합적으로 개발할 수 있게 되며, 새로 들어설 건물의 연면적은 무려 37만 평에 달하게 됩니다.

중요한 점은 이 수변 공간이 도쿄역과 가까운 도보권 내에 있다는 점입니다. 현재는 건물이 밀집해 강변을 따라 사람이 걸을 수 있는 오픈 스페이스가 없지만 재개발이 완료되면 도쿄역을 나와서 니혼바시강을 따라 걸을 수 있으며, 자연스럽게 두 지역이 하나로 통합되고 걷기 좋은 도심 공간이 만들어집니다. 그래서 도쿄역과 니혼바시를 연결하는 루트를 미쓰이부동산은 '도심 워커블(walkable) 네트워크'라고 이름 붙였습니다.

니혼바시는 여러 이동 수단을 하나의 서비스로 연결하는 MaaS(Mobility as a Service, 여러 교통 수단을 하나의 앱이나 플랫폼에서 통합해 예약, 결제, 이용할 수 있는 서비스)를 실현할 수 있는 곳이기도 합니다. 니혼바시는 지하철역이 밀집해 있는 지역으로 선착장 바로 앞에 니혼바시역과 미쓰코시마에역이 있습니다. 강변을 따라 도쿄역까지 걸을 수 있게 된다면, 배에서 내려 기차, 자전거, 택시, 버스 등으로 쉽게 갈아탈 수 있습니다. 도심의 보행길과 뱃길이 하나로 연결되면, 니혼바시는 육상과 수상 양쪽에서 도쿄의 대동맥 역할을 하게 됩니다.

이렇게 되면, 도쿄역에서 나와 일본에서 가장 높은 빌딩을 둘러본 뒤, 수변공간을 따라 니혼바시까지 걸어가고, 다시 배를 타고 시바우라 쪽으로 이동하는 것이 가능해집니다. 2030년에는 도쿄가 세계에서 가장 걷기 좋은 대도시가 될지도 모르겠습니다.

한때 '도쿄의 부엌'으로 불리며 전국에 농수산물을 공급했던 일본 최대 도매시장, 츠키지 시장 자리에 일본 최대 규모의 재개발 사업이 시작됩니다. 1935년에 문을 연 츠키지 시장은 시설이 낡아짐에 따라 지난 2018년 도요스 시장으로 이전했고, 이후 시장이 있던 약 57,500 평(19만 m2)의 부지는 오랫동안 외부에 공개되지 않은 채 폐쇄되어 있었습니다. 하지만 2024년 4월, 도쿄도는 이곳을 개발하기로 하고 재개발 사업의 우선 협상 대상자로 'ONE PARK × ONE TOWN'이라는 이름의 컨소시엄을 선정했습니다.

이 컨소시엄은 미쓰이부동산을 중심으로 도요타부동산, 요미우리신문, 아사히신문, 도요타자동차, 닛켄설계, 퍼시픽 컨설턴츠, 시공을 담당할 대형 건설사 등 총 11개 기업으로 구성되어 있습니다. 총사업비는 약 9천억 엔, 우리 돈으로 약 9조 원에 달하며, 토지 매입 대신 70년 동안 임대 방식으로 사업이 진행됩니다. 도쿄도는 이 개발을 통해 매년 약 100억 엔의 임대료 수입을 얻을 수 있게 됩니다.

재개발의 핵심은 주거, 사무, 상업, 문화, 여가 기능이 모두 결합된 복합 도시 공간을 만드는 것입니다. 약 5만 명을 수용할 수 있는 실내형의 다목적 멀티 스타디움이 중심이 되며, 그 외에도 1,200석 규모의 공연장, 츠키지의 전통을 살린 푸드홀, 상업 시설, 사무실, 주거 시설, 호텔 등이 함께 들어섭니다. 멀티 스타디움은 좌석을 자유롭게 배치할 수 있도록 설계되어 다양한 스포츠 경기와 콘서트, 이벤트를 열 수 있도록 할 예정입니다.

이와 함께 도쿄도는 도심 내 새로운 교통망도 마련하고 있습니다. 도쿄역에서 시작해 긴자, 츠키지, 도요스, 도쿄 빅사이트까지 이어지는 총 6km 구간의 임해 지하철 노선이 그중 하나이며, 2040년 개통을 목표로 하고 있습니다. 이 밖에도 스미다 강을 활용한 수상버스 정류장과 선착장, 그리고 향후에는 항공 택시를 포함한 미래형 교통 수단도 접목할 계획입니다. 이처럼 츠키지 지역은 육상, 수상, 공중을 모두 아우르는 새로운 교통 허브로 발전할 예정입니다.

교통뿐만이 아니라 친환경 계획도 눈에 띕니다. 전체 부지 중 약 40%를 녹지와 공원으로 조성하고, 태양광 발전 패널과 하천의 물을 이용한 냉난방 시스템, 수소 에너지와 바이오가스 발전 등을 도입해 탄소 배출을 최소화합니다. 또 고층 건물을 분산 배치해 바람이 통하는 길도 만들고, 일본산 목재를 사용하는 등 지속 가능한 건축을 추구합니다.

이번 개발은 2032년에 1단계, 2038년에 2단계 완공을 목표로 추진됩니다. 일부 시설은 2029년부터 차례대로 문을 열 예정입니다. 츠키지의 새로운 모습은 단순히 옛 시장 자리를 활용하는 데 그치지 않고, 도쿄의 미래 도시 모델로 거듭나기 위한 계획으로 추진되고 있습니다.

다만, 기대와 함께 우려도 존재합니다. 일본 전체 인구가 줄고 있는 가운데, 이처럼 대규모 시설에 입주할 기업이나 이용객을 유치할 수 있을까에 대한 걱정입니다. 실제로 현재 도쿄 내에서도 신주쿠, 시부야, 오테마치 등 여러 지역에서 대형 개발이 한창 진행 중입니다. 이런 이유로 향후에는 오피스 공실률이 높아질 수 있다는 전망도 있습니다. 그리고 츠키지는 해안과 가

   2부 — 도쿄의 공간 개발, 직접 가본 핫 플레이스

까운 낮은 지대에 있어서, 지진이나 침수 등 자연재해에 얼마나 안전할지도 주의 깊게 살펴봐야 합니다.

그럼에도 불구하고, 이번 츠키지 재개발은 도쿄의 미래 도시로의 전환을 보여주는 상징적인 사례로 주목받고 있습니다.

걷기 좋은 시부야, 관동 지역 최대의 상업 시설

'100년에 한 번'이라고 불리는 시부야의 대개조가 막바지 단계에 이르렀습니다. 앞서 소개해 드린 것처럼 시부야는 재개발 이후 분절된 지역 간 이동이 수월해졌습니다. 2030년에는 시부야역의 동서남북을 연결하는 대규모 보행자 데크가 완성될 예정이고, 이 보행 네트워크는 시부야의 복잡한 지형을 극복하고, 시부야 후쿠라스, 시부야 스트림, 사쿠라 스테이지 등 주요 시설 간 이동을 훨씬 원활하게 만들 것입니다. JR 시부야역 하치코 개찰구 앞과 남쪽 개찰구 앞에도 각각 폭 22m, 23m의 보행 공간이 확보되어 혼잡 완화에도 도움이 될 것입니다.

2019년 문을 연 '시부야 스크램블 스퀘어'는 동관에 이어 중앙관과 서관의 착공을 2025년 5월 공식 발표하였고 이 두 건물은 '시부야 역세권 재개발 계획'의 핵심 공간으로 2030년부터 2034년까지 순차적으로 완성될 예정입니다. 중앙관은 지하 2층부터 지상 10층, 서관은 지하 4층부터 지상 13층 규모로 조성되며, 두 건물의 연면적은 약 9만 5,000m^2에 달할 예정이며 기존의 동관과 함께 수도권 최대 규모의 상업 공간이 될 전망입니다.

문화 공간도 충실하게 조성됩니다. 중앙동 옥상에는 국제 문화 교류 시설인 '10층 파빌리온(가칭)'이 들어설 예정이며, 중앙동 4층에는 첨단 기술을 체험할 수 있는 '4층 파빌리온(가칭)'도 들어섭니다. 두 공간 모두 시부야 스크램블 교차로와 신주쿠 방면의 전망을 감상할 수 있는 명소가 될 것으로 기대됩니다.

JR시부야 역 근처에는 다수의 광장이 만들어질 예정입니다. 하치코 광장과 동·서 출구 광장, 4층·10층 광장 등 총 5개의 광장이 조성되며, 전체 면적은 약 약 2만m^2에 달할 것으로 기대됩니다.

이 외에도 아오야마도리 인근에서는 도쿄빌딩 주도의 '시부야 리제네레이션 프로젝트'(Shibuya REGENERATION Project)가 2029년 완공을 목표로 진행되며, 도겐자카 쪽 도큐백화점 본점 부지에는 지상 34층 규모의 복합 시설 '시부야 어퍼 웨스트 프로젝트'(Shibuya Upper West Project)가 2029년 준공을 목표로 공사 중입니다.

이처럼 시부야는 대규모 재개발을 통해 보행자 중심의 도시로 탈바꿈하며, 국제 문화와 상업의 허브로 재도약을 준비하고 있습니다. 2034년 완공을 목표로 하는 시부야 역세권 계획이 마무리되면, 도쿄의 또다른 새로운 얼굴이 탄생할 예정입니다.

제 2의 롯폰기 힐즈 탄생

모리빌딩은 현재 롯폰기 힐즈 인접지에 '제2의 롯폰기 힐즈'라고 불리는 대규모 개발에 착수했습니다. 롯폰기는 현재 모

  2부 — 도쿄의 공간 개발, 직접 가본 핫 플레이스

리빌딩뿐만이 아니라 다른 대형 부동산 개발 업체도 잇따라 투자에 나서고 있는데요, 유흥 거리라는 이미지에서 경제와 문화가 융합하는 거리로 재탄생한다는 계획입니다. 먼저 제2의 롯폰기 힐즈부터 살펴보겠습니다.

비즈니스맨과 외국인 관광객으로 붐비는 롯폰기 힐즈를 벗어나 케야키자카라는 길을 따라 내려가면 낡은 빌딩과 맨션이 늘어선 좁은 골목이 나타납니다. 음악 스튜디오와 방송 제작사가 들어서 있는 곳입니다. 이 조용한 지역에서 대규모 재개발 계획이 진행 중입니다. 모리빌딩과 스미토모부동산이 공동으로 추진하는 '롯폰기 5초메 서부 지구' 개발, 일명 '제2 롯폰기 힐즈'입니다.

이 프로젝트는 2025년 착공, 2030년 완공을 목표로 하고 있으며, 최고 327m의 초고층 오피스 빌딩과 288m 규모의 주거 타워가 건설될 예정입니다. 전체 연면적은 약 108만m^2로, 기존 롯폰기 힐즈보다 30% 이상 큰 규모이며, 수년간 신규 오피스 공급이 정체되어 있던 롯폰기 지역에 새로운 활기를 불어넣을 것으로 기대됩니다. 동시에 호텔, 회의장, 극장 등 복합 문화시설도 들어서며 국제적인 인프라를 갖추게 됩니다.

모리빌딩 측은 "롯폰기 힐즈 완공 이후 20년이 지난 지금, 이와 같은 대규모 개발이 다시 이루어진다면 지역의 활력을 크게 회복시킬 것"이라고 밝히고 있습니다. 제2 롯폰기 힐즈가 완공되면, 인근의 아자부다이 힐즈와 도라노몬 힐즈와 함께 통합 운영이 가능해지며 도쿄 내의 유수의 비즈니스 거점으로 성장할 것입니다.

현재는 애플 일본 법인, 바클레이즈 증권 등 글로벌 기업들

제2의 롯폰기 힐즈 재개발 후 완공 이미지 ⓒ*minato.tokyo.jp*

이 본사를 두고 있는 롯폰기이지만, 이 지역이 비즈니스 중심지로 성장한 것은 비교적 최근의 일입니다. 전후 미군 주둔지였던 이곳은 외국인과 젊은이들이 몰리는 밤의 거리로 명성을 얻었으며, 동시에 위험한 이미지도 갖고 있었습니다. 이러한 이미지를 변화시킨 전환점이 2003년 개업한 롯폰기 힐즈입니다. 오피스, 호텔, 상업 시설, 미술관 등을 아우르는 복합개발 모델은 앞서 소개한 아자부다이 힐즈와 도라노몬 힐즈의 원형이라고 할 수 있습니다. 실제 롯폰기 힐즈가 들어선 후 주변 지역으로 여러 갤러리들이 들어섰으며 이곳을 문화 중심지로 탈바꿈시켰습니다.

이러한 개발 배경에는, 고(故) 모리 미노루(森稔) 회장이 제시한 '세계로 나아가기 위한 도시 만들기'라는 철학이 자리하고 있습니다. 도쿄를 런던과 뉴욕에 버금가는 도시를 만들기 위해 롯폰기 힐즈를 세계에 자랑할 수 있는 문화 발신지로 만들

          2부 — 도쿄의 공간 개발, 직접 가본 핫 플레이스

겠다는 의지로 개발을 추진했고, 그 정신은 아자부다이 힐즈로 이어졌습니다.

그러나 세계적 도시로의 도쿄의 하드웨어 정비는 아직 과제로 남아 있습니다. 도쿄의 국제회의 개최 건수는 싱가포르나 서울 등 주요 아시아 도시보다 적은 편이며, 이는 회의장, 전시장, 숙박시설 등 여러 인프라 부족에 기인합니다. 제2 롯폰기 힐즈는 이러한 부족한 인프라를 보완하는 역할을 맡을 예정입니다.

롯폰기 재개발에는 모리빌딩만 참여하는 것은 아닙니다. 서쪽에는 노무라부동산이 2028년 완공을 목표로 높이 200m 규모의 복합 빌딩을 계획하고 있으며, 스미토모부동산 또한 교차로 인근에 대형 오피스 빌딩을 2025년에 착공할 예정입니다.

중심가인 롯폰기 교차로 인근, 70년 가까이 연극계에 기여해 온 하이유자(俳優座) 극장 주변의 재개발도 논의가 진행 중입니다. 극장은 이미 노후화와 경영 수지 악화로 2025년 4월 폐관되었습니다. 이후 부지 활용 방안에 대한 논의가 활발히 이루어지고 있습니다. 인근 빌딩 소유주들과 함께 준비 조합이 설립되어 개발 가능성을 검토하고 있으며, 문화시설을 포함한 복합개발로 이어질 가능성도 제기되고 있습니다.

이렇게 롯폰기 곳곳에서 활발히 개발이 추진되고 있는 배경에는 토지 소유자들의 협조가 있기 때문입니다. 롯폰기힐즈를 개발할 당시에는 400명 이상의 토지 소유자를 설득해야 했으며, 일부는 강하게 반발하기도 했습니다. 모리빌딩 직원들이 수차례 발로 뛰며 설득에 나섰고, 그 결과 지금은 다수의 토지 소유자들이 롯폰기 힐즈 내 고급 맨션으로 이주해 수억 엔 규모의 수익을 실현하기도 했습니다. 이 같은 성공 사례는 후속 재개발 협상을 더욱 원활하게 만드는 배경이 되고 있습니다.

관람차 대신 스포츠 관람, 도요타 아레나

한국인에게도 친숙한 도쿄 해안가를 대표하는 관광지였던 오다이바 또한 크게 변화하고 있습니다. 오다이바를 대표하는 관람차와 쇼핑몰 비너스 포트가 2022년 철거 및 폐점되었습니다. 이들이 없어진 곳에 2025년 가을, 도요타 자동차 그룹이 선보이는 '도요타 아레나 도쿄'(TOYOTA ARENA TOKYO)가 들어섰습니다. 약 1만 석의 좌석을 가진 도요타 산하 농구팀인 '도요타 알바르크 도쿄'의 홈구장입니다. 지하 1층에서 지상 6층, 연면적 약 3만 7천m^2의 규모를 자랑합니다.

도요타 아레나 도쿄는 유리카모메선 오다이바 역에서 내려 개찰구를 지나 몇 분 안에 도달할 수 있습니다. 그리고 근처의 쇼핑몰인 아리아케 가든, 전시장인 도쿄 빅사이트, 일본 과학 미래관 등 다른 시설과도 가깝습니다. 이에 도요타는 오다이바와 아리아케 지역의 인근 시설과 함께 묶어 도쿄 해안 지역의 관광지로 재편할 계획입니다.

오다이바는 2030년대 중반까지 국내외 관광객의 접근성이 획기적으로 향상될 전망입니다. 린카이 고속철도 텔레포트 역에서 JR 신주쿠역까지 약 24분, 유리카모메 오다이바 역에서 신바시역까지 약 21분, 2031년에는 JR 동일본의 하네다 공항 액세스 노선이 개통되어 직통으로 접근할 수 있을 것으로 보입니다.

도쿄 도심 내에 아레나를 확보하는 것은 스포츠팀의 팬층을 확대하는 데 크게 기여할 것입니다. 이를 위해 도요타는 자사의 자율주행 기술과 소형 모빌리티를 활용해 이용객의 이동 편의를 높이겠다는 포부 또한 밝혔습니다. 관람석과 모빌리티 차량이 하나가 되는 구조를 구상 중이고, 팬들이 주변 지역에서 아레나까지 이동한 모빌리티가 그대로 관람석이 되는 상상을 하고 있습니다. 도요타 그룹은 자신들의 핵심 기술을 활용하여 스포츠 경기나 엔터테인먼트 공연을 찾는 이들이 스트레스 없이 편리하게 접근하도록 할 것입니다.

아레나 내부 설계 역시 매우 정교합니다. 가로세로 약 30m 크기의 대형 센터 비전을 설치하고, 경기장 상단에는 링 모양의

도요타 아레나는 도쿄 해안 지역의 매력을 한층 높일 것이다.
ⓒTOYOTA

비전과 관중석 윗부분을 따라 길게 설치된 리본 비전(관중석 상단을 따라 길게 설치된 LED 디스플레이)을 함께 연동해 역동적이고 다채로운 영상을 선보입니다. 관중들은 입장할 때부터 압도적인 규모와 화려한 연출로 경기장의 몰입감을 한층 더 느낄 수 있습니다.

도요타의 아레나가 들어서는 린카이 지역은 주말과 공휴일에만 활기가 있었습니다. 하지만 도요타의 아레나가 들어서면서 평일에도 사람들이 방문하고 활기 넘치는 곳으로 변신할 것입니다.

마치며

946만 명. 2025년 일본을 방문한 한국인 수입니다. 이 중 20% 이상은 도쿄를 방문했지요. 도쿄는 여러 번 찾아도 늘 새로운 매력을 발견할 수 있는 도시입니다. 제 주변에도 일 년에 몇 번씩 도쿄를 찾는 분들이 많은데요, 그 이유는 도쿄가 다채로운 얼굴을 지닌 도시이기 때문입니다. 음식, 문화, 전시, 전통 등 어떤 앵글로 바라보느냐에 따라 도쿄는 전혀 다른 모습을 보여 줍니다.

도쿄가 흥미로운 또 하나의 이유는, 지금 이 시간에도 끊임없이 변화하고 있기 때문입니다. 유기체처럼 진화 중인 그 현장을 직접 체험해 보는 것만큼 흥미로운 여행은 없을지도 모릅니다. 게다가 지금 도쿄에서는 '100년에 한 번'이라고 불리는 대개조가 진행되고 있습니다. 도쿄를 찾아야 할 이유가 하나 더 생긴 셈입니다.

다음 도쿄 여행은 '공간'이라는 테마를 가지고 이곳저곳을 돌아다녀 보는 건 어떨까요? 이 책에서 소개한 여러 핫 플레이스와 재개발 프로젝트는 단순한 건축물을 넘어, 도시의 풍경은 물론 그 안에서 살아가는 사람들의 삶을 바꾸어 가고 있습니다.

최근 도시 개발의 트렌드에서 강조되는 '직주락'(Work, Live, Play) 개념처럼, 도쿄는 다양한 삶의 요소를 하나의 공간에 융합하며 활력을 키우고 있습니다. 음식, 녹지, 커뮤니티, 그리고 지역 고유의 특성이 조화롭게 어우러진 공간은 사람들에게 새로운 경험과 영감을 안겨줍니다. 그리고 전통과 첨단이 어우러지며 도쿄만의 독특한 풍경을 만들어가고 있습니다. 도쿄의 모습을 만들어가는 이들 디벨로퍼들의 철학과 의도를 이해한다면 한층 더 밀도 높은 경험이 가능할 것입니다.

지금보다 더 다채로운 얼굴을 가진, 전 세계에서 더 많은 사람들을 불러 모으는 매력 높은 도시로 변신하고 있는 도쿄의 현재를 이해하고, 미래의 모습을 상상하는데 이 책이 작은 도움이 되었으면 합니다.

독자 여러분의 다음 도쿄 여정에 함께 한다면 더할 나위 없이 기쁠 것입니다.

⬭ BH 064

핫플의 탄생
: 도쿄의 얼굴을 바꾸는 공간들

초판 1쇄 발행 2026년 3월 1일

지은이 정희선

펴낸이 이승현
디자인 스튜디오 페이지엔

펴낸곳 좋은습관연구소
출판신고 2023년 5월 16일 제 2023-000097호

이메일 buildhabits@naver.com
홈페이지 buildhabits.kr

ISBN 979-11-93639-73-3 (13320)

좋은습관연구소에서는 누구의 글이든 한 권의 책으로 정리할 수 있게 도움을 드리고
있습니다. 메일로 문의주세요.